KB248267

AI시대, 임원 역할

"김부장, 나좀 도와줘."
"상무님, 그건 AI한테 물어보세요."
그렇다면, AI 시대 임원은 무엇을 해야 하는가

AI시대, 임원 역할

초 판 1쇄 발행 | 2026년 1월 3일
지은이 김기진 유병선 신현숙 이근갑 이소민 박해룡
　　　　이재실 송지은 김영헌 백정선 김대경

펴낸이 김기진
펴낸곳 에릭스토리
편집주간 Qbit
디자인 가보경 이소윤
출판등록 2023. 5. 9(제 2023-000026 호)
주　소 서울특별시 금천구 가산디지털1로 171, 318호
전　화 (02)6673-1238
팩　스 (02)6674-1238
이메일 ericstory1238@naver.com(원고 투고)
홈페이지 www.ericstory.net

ISBN 979-11-992246-8-1(13320)

AI 시대

임원 역할

Who am I

김기진 유병선 신현숙 이근갑 이소민 박해룡
이재실 송지은 김영헌 백정선 김대경

ERiC Story

당신이 모르는 사이,
임원 게임의 룰이 바뀌었다

2026년 1월 3일 아침.

최 상무는 여느 때처럼 커피잔을 손에 쥐고, 보고서를 넘기고 있었다.

습관처럼 시작된 하루, 그 문을 두드린 건 신입사원이었다.

"상무님, 질문이 있습니다."

"말해보게."

"어제 제가 ChatGPT로 3분 만에 만든 보고서와 상무님이 3시간 검토하신 보고서의 차이는⋯ 뭘까요?"

그 말 앞에서, 최 상무는 조용히 생각을 멈췄다.

잠시의 침묵.

그 침묵이 그를 떠나보내기까지 6개월이면 충분했다.

당신도 알고 있다.

지금, 조직의 공기는 예전과 다르다.

회의실에서는

"AI가 이미 분석했습니다"라는 말이 더 자연스럽고, "그거 자동화하면 되지 않나요?"라는 제안이 당신의 경험보다 더 설득력을 갖는다.

경험이 쌓일수록 깊어졌던 권위는 이제 기술 앞에서 얇아지고 있다.

그리고 당신도 어렴풋이 느끼고 있다. 변화의 속도가, 당신의 속도를 앞지르고 있다는 것을 말이다.

최 상무는 대기업에서 25년을 버텼고, 그중 3년은 임원이었다. 그러던 2026년 봄, 그의 커리어는 가장 조용한 방식으로 흔들리기 시작했다.

AI 전면 도입을 선언한 날, CEO는 임원들을 모아 이렇게 말했다.

"6개월 안에 AI와 차별화된 가치를 증명하지 못하면 역할 재조정이 있을 것입니다."

우아한 표현이었다.

그러나 아무도 오해하지 않았다.

그 말은 사실상 '교체'를 의미했다.

그날 밤, 최 상무는 전국에 버티고 있는 임원 열 명에게 전화를 걸었다. 놀랍게도, 모두 비슷한 통보를 받았다고 했다. 이전의 시대가 조용히 저물고 있다는 것을 그제야 선명하게 이해했다.

필자는 생성형 AI 등장이후 '에릭스토리 출판사'를 등록하고 2년간 단독, 공저를 포함하여 14권의 HR분야 도서를 출간했다. 공저를 위해 심도있는 워크숍을 진행하지만, 이번 "임원 역할"의 공저 분위기는 이전과 달랐다.

"AI 시대, 임원의 역할"을 공저하기 위해, 저자 11명이 참여했다. 자존심을 내려놓고, 서로의 실패를 꺼내 놓았다. 누군가는 두려움 때문에, 누군가는 분노 때문에, 또 누군가는 주변의 막연한 불안감을 들려주었다.

저자들이 나눈 이야기들은 때로는 잔인했고, 때로는 용기였다.

- "보고서 검토하고 사인만 하는 임원은 3개월 안에 사라진다."
- "AI를 부하직원처럼 대하면 망한다. 동료처럼 대해야 한다."
- "직원과 진짜 대화를 안 하는 임원부터 밀려난다."
- "하루라도 새로운 걸 배우지 않으면, 바로 뒤처진다."

공저를 준비하는 저자들은 결국, '임원으로 산다는 것의 의미'를 다시 정의해야만 했다.

솔직한 이야기 하나.

당신의 직원들은 이미 알고 있다.

AI가 당신보다 더 빠르고, 더 정확하다는 것을 말이다.

어느 과장은 익명으로 고백했다.

"솔직히 말하면… 부장님 의견 들으러 가는 건 시간이 아까워요. AI가 더 정확하거든요."

정보력도, 분석력도, 판단의 속도도 더 이상 직급의 특권이 아니다.

또 하나의 비밀.

CEO는 이미 당신의 대체 가능성을 계산해 보고 있다.

"임원 한 명의 연봉이면, AI 시스템 열 개를 돌릴 수 있으니까?"

경험만으로 버티던 시대는 끝났다. 이제는 '당신이 AI와 어떤 관계를 맺고 있는가'가 당신의 생존 가능성을 결정한다. 그러나 그 속에서도 살아남은 사람들이 있었다.

제조업 전무 L씨는 자신이 하던 일의 80%를 AI에게 넘기고 직원들과 하루 세 시간씩 대화했다. AI가 찾지 못하는 문제는 사람의 마음 깊은 곳에서 발견되기 때문이었다.

IT기업 상무 P씨는 매일 아침 AI와 토론하며, 일부러 반대 의견을 내고 싸웠다. 그 과정에서 AI가 놓치는 결을 보는 눈이 생겼다고 말했다.

금융사 부사장 K씨는 갈등을 피하지 않기로 결정했다. 오히려 건전한 논쟁을 장려했다. AI는 갈등을 '읽을 수는 있어도' 조정할 수는 없기 때문이었다.

Type A. 어제의 방식에 머무른 임원

보고서 검토

경험 중심의 판단

지시 중심의 리더십

"내가 더 잘 안다"는 믿음

→ 12개월 내 교체 확률 87%

Type B. AI를 파트로 대하기 시작한 임원

AI에게 할 일을 넘기고

데이터와 직관을 섞고

직원들과 대화하고

매일 새로 배우는 사람

→ 차세대 리더 선정 확률 73%

당신은 어느 쪽인가?

이 책은 희망을 약속하지 않는다. 대신 현실을 보여준다. 이 책은 당신을 위로하지 않는다. 대신 살아남는 법을 건넨다.

저자들의 한목소리.

"정말 지금처럼 일해도 3년 후 살아남을 수 있다고 생각하십니까?"

"당신의 존재 이유를 3초 안에 말할 수 있습니까?"

"당신이 사라져도 조직에 아무 문제없다면?"

지금이 선택의 순간이다.

책을 덮고 익숙한 하루로 돌아갈 수도 있다. 아니면 다음 페이지를 넘기고 불편한 진실을 마주할 수도 있다.

단 한 가지는 분명하다.

AI는 당신을 기다려주지 않는다.

변화는 당신의 속도에 맞춰 멈춰주지 않는다.

미래는 준비된 사람만을 선택한다.

1년 후, 당신의 이름은 여전히 임원 명단에 있을까? 아니면 "그런 사람도 있었지"라는 말 속에 파묻힐까?

지금부터다.

당신이 발걸음을 내딛는 순간,

변화는 이미 시작된다.

준비됐는가?

AI 시대

임원 역할

Who am I

목차

저자 소개

김기진 ┃ KHR Group, 한국HR포럼 대표이사

아주대학교 겸임교수, 한국HR협회와 KHR GPT 연구소 대표, 피플스그룹 조합법인 이사장, ERiC Story 출판 대표. 16년간 제195회 KHR포럼 개최(회원 4,200명)와 'KHR FTP 인사&인재개발 실태 조사 보고서'를 7년째 발간하고 있다. 현재, 1만여 명에게 GPT 활용 강의를 비롯 육군 인사사령부 스마트 인재시스템 구축 자문위원으로 활동했다. 저서: 《QDer: 질문을 디자인하라》, 《Qbit: 나는 GPT를 이렇게 키웠다》, 《아하 나도 줌(Zoom) 마스터》, 공저: 《AI시대, 5분 혁명》, 《AI 대전환 시대, 도대체 무엇이 진짜일인가》, 《AI 대전환 시대, 조직은 문화다》, 《AI 대전환 시대, Who am I 나는 리더》, 《AI 대전환 시대, Who am I 인간의 정체성과 변화 적응》, 《코칭 레볼루션: AI시대, 코치형 리더의 탄생》, 《팀장 레볼루션: 이전의, 팀장이 사라진다》, 《채용 레볼루션: AI 채용의 힘》, 《ESG 레볼루션: 지속 가능의 힘》, 《HR 레볼루션: 생성형 AI, HR 생태계 어떻게 구축할 것인가》, 《ChatGPT*HR: 생성형 AI, HR에 어떻게 적용할 것인가》, 《왜 지금 한국인가: 한류경영과 K-리더십》, 《하루하루 시작(詩作)》, 《책쓰기, AI묻고 인간이 답하다》 등이 있다.

유병선 ┃ 크리니티, 팀장의 팀장

LG소프트웨어, 가산전자, 게스트메일 이사를 거쳐 3R소프트를 창업하고, 다보스 세계경제포럼(World Economic Forum)이 선정하는 「2001년 세계 100대 기술개척자」가운데 한 명으로 선정되었다. 현재 크리니티는 26년간 인터넷 메일협업, 메일보안 서비스 사업을 Pivoting하며 함께 성장하기 위해, SirTEAM이란 브랜드로 Global B2B SaaS 기업으로 변신하며 해외 시장 개척에 재도전하고 있다. 그 동안의 축적된 기술력과 사업적 노하우를 기반으로 동남아 시장에서 사업을 진행하며 더 경쟁이 치열한 미주, 유럽 시장으로 확대하는 전략을 수립해 가는 적절한 실행 방법을 찾아 가고 있다. 공저로 《ChatGPT*HR: 생성형 AI, HR에 어떻게 적용할 것인가》, 《HR 레볼루션: 생성형 AI, HR 생태계 어떻게 구축할 것인가》, 《AI 대전환 시대, Who am I 인간의 정체성과 변화 적응》 등이 있다.

신현숙 | 한국능률협회, 겸임교수

경영학, 석사(Compaq Korea, HP Korea, Burberry Korea, Sungjoo Group, 부천 대학교 겸임교수), 30여 년간 국내외 기업에서 HR 전문가, CHRO로 근무하며 조직설계, 조직문화구축, 성과관리 체계구축, 직원 육성 프로그램을 설계·운영했다. 이후 대학의 겸임교수를 역임 후, 현재는 기업 교육 전문가, 전문 코치로 활동하며 임원 과정, 리더십 과정, 조직문화와 성과관리 과정 등을 설계·운영하며 현장 중심의 교육을 수행하고 있다. 단순한 지식 전달이 아니라 "조직이 내일 당장 다르게 움직이게 돕는 일"을 한다는 생각으로 기업 강의를 이어가며, 리더와 조직이 지속적으로 성장하는 방법을 연구, 소개하고 있다.

이근갑 | 이루에프씨(바른치킨) 대표이사 사장

부산대학교 경영학과, 세종대학교 경영전문대학원 경영학석사, 한국투자신탁, 동부자산운용, 동부증권 상무를 거쳐 교촌에프앤비(교촌치킨) 국내사업부문 대표/사장/고문, 비에이치앤바이오 대표이사 사장/고문을 역임하면서 교촌의 제2의 성장을 견인했다. 2025년 2월에 이루에프씨(바른치킨) 대표이사 사장으로 취임해서 근무 중이다. 약 39년 간의 샐러리맨 생활 중 금융권 21년, 외식 프랜차이즈 업계 15년, 기타 3년을 근무했는데, 임원급으로는 20년 이상 재임 중이다. 〈히든 CEO〉 공저 참여, 외식 프랜차이즈 컨설턴트로서 다수의 강의와 경영 자문, 사회공헌 활동을 해왔다. 한국프랜차이즈협회 이사, 한국재능기부협회 자문위원, KOVA 자문위원, 시인(2018년 청일문학 등단)이고 한국문인협회 회원이다.

이소민 | 인솔루션랩INSOLUTION LAB. 소장

성균관대 경영대학원 경영학 석사 졸업, 동 대학원 박사과정을 수료했다. 마케팅·경영 컨설팅을 거쳐 현재는 HRD·OD 분야 컨설팅펌, '인솔루션랩INSOLUTION LAB.'의 소장이다. 한국리더십센터 그룹사에 근무했으며 현재 버크만·해리슨어세스먼트 등 공인

디브리퍼의 역량을 바탕으로 기업·관공서 리더들의 변화와 성장을 돕는 촉매제로서 20년 이상 문제해결·리더십 분야 전문가로 활발히 소통하고 있다. 한국코치협회 공인 코치, 경기콘텐츠진흥원 위촉 창업 컨설팅 분야 플래너, 노사발전재단 위촉 전문위원, 한국인성교육협회 위촉 전문위원, 공인 시간관리 컨설턴트 등으로도 활동 중이다. 고객사와의 동행을 무엇보다 기꺼워하는 퍼실리테이터 겸 비즈니스 코치로, 건강하고 행복한 직장인·팀·조직의 지속 가능한 동반성장의 해답을 찾기 위해 꾸준히 연구하고 있다. 공저: 《나는리더: AI가 대체할 수 없는 리더의 조건》, 《AI 대전환 시대, Who am I?》, 《코칭 레볼루션: AI시대, 코치형 리더의 탄생》, 《리더십 트랜스포메이션》, 《나를 바꾼 프랭클린 플래너》가 있다.

박해룡 | TYM HR부문장 상무

LS Electric 인사총괄(CHO)/상무, 딜로이트컨설팅 상무, 한국액션러닝협회 회장, 인하대 경영학과 초빙교수, 스탠다드에너지 인재경영총괄/전무, The HR컨설팅 대표를 역임하고 현재 농기계 전문 기업인 TYM에서 HR부문장/상무로 재직 중인 HR전문가이다. 사람(People)과 조직(Organization)의 성장(Growth)을 돕는 일에 보람을 느끼며, 기업의 인사관리, 조직개발, 리더십 진단 및 코칭, 역량 평가와 개발 활동을 하고 있다. 항상 긍정적(Positive)이고, 스스로 행복(Happy)하며, 정신적으로 풍요로운(Rich) 삶을 살려고 노력하는 박해룡(P.H.R)이다. 저서: 《직장생활 나는 잘 하고 있을까?》, 공저: 《나는 팀장이다》, 《HR 레볼루션》《채용 레볼루션》 등이 있다.

이재실 | 일터대학(WPC) 총장

기계공학 학사/석사, 교육학박사, 건설기계기술사, 국제기술사(APEC & International Professional Engineer), 기술지도사, 건설기계기능장, 평생교육사1급, 직업능력개발교사1급 등 다수의 자격을 소지하고 있다. 현재, 일터대학(WPC) 총장(화성/평택/천안 캠퍼스 운영), 대한민국산업현장교수, 사)한국커리어개발협회 이사(전회장), 한국인력개발학회 이사, 국가자격 출제/검토/채점/면접위원, 한국기술사회 이사. 경력으로는 34년간 삼성중공업과 볼보그룹 연수원에서 부원장과 원장, 아주대학교 겸임교수, 한경대학교 교수, 국토교통부 건설기계심사평가위원, 서울시 건축안전진단전문위원, 경기도기술닥터, 화성시와 평택시 기업교육 및 기술경영자문위원, 안성시평생교육자문위원 등 활동 경험이 있다. 저서는 《평생한 공부》, 《기업가정신》, 《NCS학습모듈_유압펌프/유압밸브》, 《국정교과서_기계》, 《건설기계 토공·적하 이론》, 《건설기계차체 이론·실기》, 《내연기관 이론·실기》, 《유압장치》, 《Who Am I 공저》, 《나는 리더 공저》, 《도대체 무엇이 진짜일인가? 공저》 등 다수가 있다.

송지은 | 서강대학교 교육대학원 대우 교수

이론과 현장, 사람과 사람을 연결하며 성장과 행복을 지원하는 인적 자원 개발(Happy HRD) 전문가다. kt ds와 SK하이닉스에서 교육과 조직문화를 담당하며 서강대학교 교육대학원과 서울대학교 산업인력개발학과에서 석·박사학위를 취득했다. Professional in Human Resources(PHR), 한국코치협회 소속 코치이기도 하다. 현재는 서강대학교 교육대학원에서 인사 담당자들의 성장을 돕고 있다. 고용노동부 장관상, 대한민국 인적자원개발 대상을 수상하기도 했다. 리더십 진단/개발, 코칭/피드백, 직원 경험과 조직 개발에 관심을 가지고 원티드〈인살롱〉, 기고만장 〈Edge〉에서 기고하며, 월간 인사관리 편집위원으로도 활동한다. 쓴 책으로 〈우리는 기업문화를 만들어가는 중입니다〉, 〈오피스 빌런〉, 〈팀장 리더십, 책으로 배운 것 아니잖아요?〉가 있고, 〈긍정탐구에 기반한 계획된 변화의 조직 개발 사례 연구〉, 〈assessment center를 활용한 직무 전문가 선발 사례 연구〉, 〈초기경력자의 조직사회화에 미치는 셀프 리더십의 매개효과〉, 〈성과주의 평가/보상시스템과 직무 성과의 관계에서 인사 평가 경험의 매개효과〉, 〈대기업 근로자의 인사평가 경험, 성과주의 평가/보상시스템, 직무성과의 관계에서 학습조직의 조절효과〉, 〈국내 조직학습 연구 동향〉 등을 연구했다.

김영헌 | 경희대 경영대학원 코칭사이언스 주임교수

경영학 박사. 포스코에서 30년이상 인사, 인재육성, 혁신 등의 주요업무를 임직원으로 수행하였다. 포스코 경영인사팀장, 비서실장, 미래창조아카데미원장, 포스텍 행정처장 등을 역임하였다. 임원시절 일대일 경영자 코칭을 두차례 받은 것이 인연이 되어 퇴임 후 코칭 공부를 시작하였다. 이후 한국코치협회 이사, 부회장을 거쳐 제 9대 회장을 역임하였다. 지금도 한국HR협회 회장, 경희대 경영대학원 코칭사이언스 주임교수, 한경닷컴 칼럼니스트, 경영자 전문코치 등 다양한 활동을 하고 있다. 〈행복한 리더가 끝까지 간다〉, 〈박태준의 리더십 2(공저)〉, 〈MZ EXPERIENCE(공저)〉, 〈이전의 팀장이 사라진다(공저)〉, 〈AI시대 코치형 리더의 탄생(공저)〉 등 다수의 저서가 있다.

백정선 | 인천공항서비스(주) 대표이사

경남대학교 법학과, 인하대학교 국제통상물류대학원 교통경제학석사, 한국항공대학교 경영학 박사, 한국공항공단, 수도권신공항건설공단, 인천국제공항공사 총무팀장, 사업개발팀장, 비서실장, 인재경영실장&인재개발원장, T2운영준비단장, 스마트추진단장, 운항서비스본부장, 여객본부장, 운영본부장, 그리고 항공우주산학융합원 대외협력본부장, 최근 3년간 인천국제공항의 경비와 검색업무를 총괄하는 공항운영 전문경영인으로 국민편의 증진과 국가 항공산업발전에 크게 기여하는 인천국제공항보안(주) 대표이사를 역임하고, 2024년 12월 부터는 인천공항 이용객의 대중교통중 서울·경기 및 지방이용객들이 편안하고 안전하게 공항 등 목적지 이동을 지원하기 위해 공항버스가 안정적 운행 할 수 있도록 "매표 및 세차, 주유, 승무사원의 휴게시설" 등을 지원하는 인천공항서비스(주)의 경영을 총괄하는 대표이사로 재직중에 있는 등 지난 35년 동안 인천국제공항이라는 국가 기간 인프라 현장에서 신입으로 시작해 조직의 리더 자리에 오르기까지 수 많은 도전을 직접 경험한 공항건설 및 운영 전문가이다. 그 밖에 현재 한국열린사이버대학교 자연숲치유산업학과 특임교수, 글로벌항공우주산업학회 부회장, 사단법인 인항회 부회장, 재단법인 충효기장학회 이사 등으로 활동하고, 저서로는 《공항에서 여정 +@는 … 》가 있다.

김대경 | 한국HR포럼 GPT연구소장

AI를 활용한 생산성 향상과 성과 증진을 위한 학습 방법과 현업 적용 솔루션을 연구하고 전파한다. 한국코치협회 인증코치이자 국제멘탈코칭센터 스포츠멘탈코칭 인증코치로서 사업가, 직장인, 선수, 학생, 부모의 성과와 성공을 위해 조력한다. 중소기업연수원, 기술과가치에서 교육사업과 컨설팅을, 현대카드/캐피탈의 자회사에서 교육, 채용, 보상 등 HR 전반을 경험했다. 승강기제조업의 창업맴버로서 3년차에 연매출 200억을 달성했고, 가전서비스 스타트업의 CEO를 역임했다. 고려대 기업교육 석사, 인적자원개발 및 성인계속교육 박사 과정을 거치며, 연구와 실제의 통합에 매진한다. 공저:《AI 대전환 시대, Who am I 나는 리더》,《코칭 레볼루션: AI시대, 코치형 리더의 탄생》,《팀장 레볼루션: 이전의 팀장이 사라진다》,《MZ EXPERIENCE》가 있다.

1장

지금의 방식으로는
더 이상 버틸 수 없다

유병선

관리 능력으로는 살아남을 수 없다.
설계하는 임원만이 다음 시대에 존재한다.

관리자는 사라지고, 설계자만 살아남는다

당신도 이미 느끼고 있을 것이다. 열심히 관리하고, 효율을 높이고, 비용을 줄이던 방식으로는 더 이상 조직을 지킬 수 없다는 불길한 예감. 그 예감은 틀리지 않았다. 지금은 '관리하는 임원'이 아니라 '설계하는 임원'만 남는 시대다.

AI 챗봇은 당신보다 빠르게 보고서를 만들고, 로봇은 당신보다 정확하게 프로세스를 수행한다. 예전 같으면 "경험 많은 임원"이라는 말 한마디로 조직을 이끌었지만, 그 말은 이미 효력을 잃었다. AI와 디지털 세대가 함께 만들어내는 속도는 우리가 한 번도 경험한 적 없는 속도다. 기존의 질서와 관성은 더 이상 안전지대가 아니다.

AI 혁명은 갑자기 찾아온 사건이 아니다. 우리는 이미 여러 번 전조를 보았다. 로켓배송이 바꿔놓은 속도의 기준, 네이버·카카오가 재정의한 고객경험, 알리바바와 중국 제조업이 흔들어놓은 가격 구조. 이 변화는 산업 몇 개를 뒤흔든 것이 아니라, **모든 가치 사슬 전체를 다시**

쓰는 **사건**이었다.

이제 그보다 더 거대한 파도가 밀려오고 있다. AGI범용 인공지능, 스스로 사고하고 판단하는 AI. 그 순간이 오면 기업의 기준은 완전히 달라진다.

과거에는 '얼마나 잘 관리했는가'가 성과였다. 하지만 AI가 보고서를 만들고, 데이터를 분석하고, 의사결정 근거까지 제시하는 순간 '관리자'라는 직업은 설 자리를 잃는다.

AI는 효율을 책임진다. 그렇다면 인간은 무엇을 책임져야 할까?

의미, 방향, 설계.

AI는 일을 수행하지만, **일의 이유를 정의하는 능력은 여전히 인간만의 영역**이다. 이 차이가 앞으로 기업의 생사를 가르는 경계가 된다.

AI를 도구로 쓰는 기업 vs AI로 전략을 설계하는 기업

앞으로 모든 기업은 두 종류로 나뉜다.

- AI를 도구로 쓰는 기업

  → 빠르게 성장하지만 오래가지 못한다.
- AI를 전략의 일부로 설계하는 기업

  → 생태계를 만들고 오래 살아남는다.

그 차이를 만드는 힘은 '관리 역량'이 아니라 **전략적 설계력, 즉 변화를 시스템으로 연결하는 역량**이다. 우리는 지금 '운영의 시대'에서 '설계의 시대'로 넘어가는 문 앞에 서 있다.

전략적 비즈니스 모델BM이 성과의 중심이 된다

한 가지 진실을 먼저 받아들여야 한다. **열심히 하는 시대는 끝났고, 제대로 설계하는 시대가 시작되었다.** 밤늦게까지 남아 보고서를 만든다고 성과가 쌓이던 시대가 아니다. AI는 10초 만에 더 정확한 보고서를 만든다. 따라서 성과의 기준은 이렇게 바뀐다.

- 과거: 얼마나 많이 했는가
- 미래: 무엇을, 왜, 어떻게 설계했는가

기업은 이제 전략 BM에 성패가 달려 있다. 전략 BM은 제품이 아니라 **가치 전달의 시스템**을 설계하는 일이다. 그 핵심은 세 가지 축으로 재편된다.

- Tech: AI·데이터·자동화 기반 혁신
- Human: 관계와 고객경험을 중심으로 한 문화
- Opportunity: 새로운 수익 모델과 생태계 창출

이 세 축을 연결할 때 기업은 AI 시대에도 지속적으로 성장할 수 있다.

일의 본질도 바뀌었다 — 효율에서 의미로

AI가 모든 효율을 담당하는 시대에 인간의 일은 더 이상 속도 경쟁이 아니다. 앞으로의 일은

문제를 해결하는 일이 아니라, 문제를 발견하는 일이다. 보고서를 빠르게 만드는 능력이 아니라 고객 가치의 방향을 정확히 짚어내는 능력이 진짜 생산성 경쟁력이 된다.

"고객가치 의미의 정확도", "조직의 적응 속도"

이 두 가지가 기업의 생사를 결정한다. AI 시대의 성과는 시킨 일을 얼마나 했는가가 아니라, 기업이 어디로 가야 하는지를 얼마나 정확히 제시했는가로 평가된다.

'열심히'의 시대는 끝났고, '제대로'의 시대가 시작됐다

AI가 열심히를 대신한다. 그렇다면 리더는 무엇으로 존재를 증명해야 할까?

'제대로 일한다'는 것은 매일의 실행 속에 조직이 향해야 할 미래를 심는 일이다. 성과는 보고서의 양이 아니라 고객가치 전달의 일관성과 섬세함에서 나온다.

AI 시대의 임원은 결과를 관리하는 사람이 아니라 **의미를 설계하고, 구조를 만들고, 성장의 리듬을 조율하는 사람**이다.

살아남는 임원은 단 하나다: 전략가

AI가 속도를 높일수록 인간은 방향을 더 명확히 해야 한다. 그리고 그 방향이 기업의 운명을 가른다. **관리자가 아닌 전략가로, 운영자가 아닌 설계자로, 실행자가 아닌 촉진자로 이동해야 한다.**

AI가 계산을 할 때 당신은 의미를 설계해야 한다. 그 일이 당신의 다음 10년을 지킬 것이다.

AI와 함께 성과를 못 내는 임원은
자리에서 밀려난다

AI와 함께 성과를 못 내는 임원은 결국 자리에서 밀려난다. 이제 임원은 더 이상 "관리자"가 아니다.

임원은 ReWORK-ReMIND-ReENGINEERING을 통해 Vision-BizOpsDev를 설계하고 조직화하는 사람이어야 한다. AI 챗봇과 로봇의 시대에 AI 활용은 선택이 아니라 생존 조건이다.

문제는 "AI를 쓸 것인가, 말 것인가"가 아니다.

"AI와 얼마나 전략을 잘 설계하고, 경쟁사 보다 빠르게 잘 실험 하는, 조직으로 전체를 어떻게 다시 구조화할 것인가"다.

임원은 ReWORK-ReMIND-ReENGINEERING이라는 세 가지 전환을 통해 기존 사업을 재구성하고, 전략적 비즈니스 모델로 승화시켜 **VisionBizOpsDev** 관점으로 조직을 다시 디자인해야 한다.

VisionBizOpsDev와 3단계 전환

AI 대전환 시대에 임원의 역할은 단순한 관리와 감독을 넘어서 **VisionBizOpsDev** 관점에서 재정의되어야 한다.

- Vision: 장기적인 방향성과 왜 존재하는지에 대한 이유를 세우고
- Biz: 기존 사업과 신사업의 균형을 맞추며
- Ops & Dev: 운영과 개발을 동시에 설계해 조직의 성장 엔진을 만들어야 한다.

기업은 기존 사업을 지키는 동시에, 장기적 비전을 설계하고, 신사업을 통해 새로운 성장 동력을 만들어야 한다.

필자가 운영하고 있는 크리니티는 이러한 관점에서 ReWORK, ReMIND, ReENGINEERING을 적용하며 기존 사업을 **BizOps**로 관리하고, 이를 **OpsDev**와 **BizDev** 전략으로 확장해 기존 메일협업·메일보안 사업을 SaaS로 확장하는 변화를 추진하고 있다.

중요한 포인트는 이것이다. 기업의 성장은 신사업만의 문제가 아니다. 기존 사업BizOps의 안정성, 장기 비전Vision에 기반한 전략 수립, 신사업BizDev을 통한 성장, 이 세 가지가 균형을 이뤄야 한다.

구글이

- 70%는 기존 사업,
- 20%는 성장 영역,
- 10%는 미래 핵심 기술에 투자하는 이유도 여기에 있다.

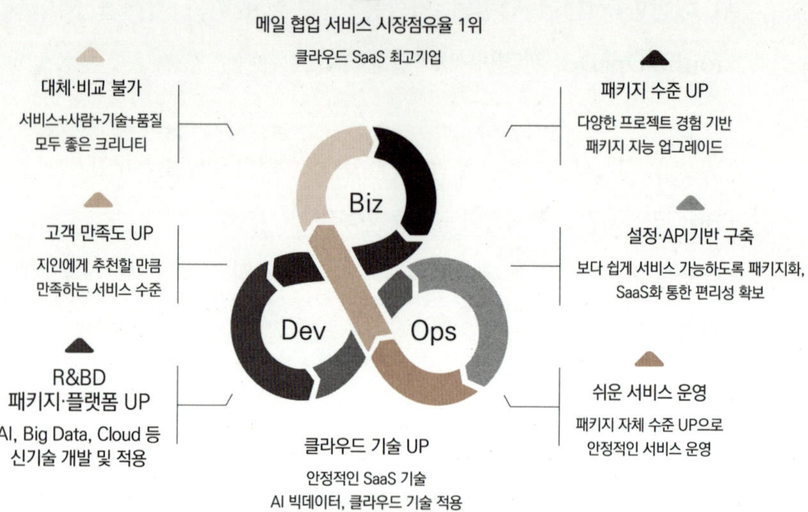

AI 대전환 시대, 임원은 이 균형을 조율하는 **설계자이자 촉진자**가 되어야 한다. 관리형 임원만으로는 부족하다.

이제 임원의 역할은 ReWORK-ReMIND-ReENGINEERING 세 가지 과제를 통합적으로 수행하며 VisionBizOpsDev 조직화를 이끄는 것이다.

1) ReWORK: AI와 자동화로 기존 사업을 다시 짜다

ReWORK는 기존 사업을 AI와 자동화를 활용해 **다시 일하는 구조로 재설계하는 단계**다. 필자가 오랫동안 다뤄온 메일 협업· 메일 보안 사업도 예외가 아니었다. 과거에는 엔지니어들이 직접 로그를 보고, 보안 위협을 찾고, 대응 시나리오를 일일이 설계했다.

지금은 다르다. AI가 수십만 건의 메일 발송·수신 로그를 실시간으로 분석하고, 패턴을 탐지하며, 자동 대응 프로세스를 실행하는 구조로 시스템을 재구성하고 있다.

이 과정에서 임원이 해야 할 역할은 "보안 사고가 줄었는가?"를 관리하는 것이 아니다. **어떤 업무를 AI에 맡기고, 사람은 어디에 집중시킬 것인가를 설계하는 것**이다.

우리는 단순 반복 업무를 보안 관제뿐 아니라 고객서비스 자동화, 세일즈 기회 발굴, 화면 단의 바이브 코딩을 통한 고객·동료 소통까지 확장하며 AI 도구와 함께하고 있다.

그 결과,

- 사람은 고객 대응·신규 위협 분석·고부가가치 영역에 집중할 수 있었고
- 조직의 생산성과 전문성은 동시에 올라가기 시작했다.

ReWORK는 단순히 자동화 프로젝트가 아니다. **AI를 중심에 두고 기존 사업의 일하는 방식을 다시 짜는 일**이다. 반복적이고 규칙적인 고객서비스와 보안 모니터링은 AI에게 맡기고, 임원은 더 큰 전략적 위협, 고객과 시장의 변화를 읽는 일에 집중해야 한다. 그때 기업은 안정적인 기반을 유지하면서도 경쟁 우위를 이어갈 수 있다.

2) ReMIND: 고객과 동료의 가치를 다시 발견하다

AI가 많은 일을 대신하는 시대에 임원의 가치는 어디에서 만들어질

까? SaaS 전환 과정에서 내가 가장 많이 붙잡았던 질문이다. 결국 답은 **사람의 가치**였다.

임원은

- 고객이 진짜로 원하는 가치 성과가 무엇인지,
- 동료가 어떤 방식으로 일할 때 몰입과 고개 가치 성과가 나는지

이 두 가지를 다시 인식해야 했다. ReMIND는 고객과 동료의 가치를 새롭게 인식하고 재구성하는 전환이다.

SaaS 시장에 진출했을 때 새로운 고객들은 단순한 기능이 아니라 "자신들의 일하는 방식에 맞는, 보안성이 높은 협업 경험"을 원했다.

팀원들도 마찬가지였다. "AI와 함께 성과를 내면서 불필요한 고객 대면과 반복 업무는 줄어드는 방식"을 기대했다.

초기에는 기존 PKG 구축에서 성공했던 기능 중심 접근을 그대로 가져갔다. 하지만 곧 알게 되었다. 고객은 기능보다 **보안성과 안정성**, 그리고 SaaS 사업자가 제공하는 **보안의 최신성 예방성 등 안정적 운영과 책임성**을 중시한다는 사실을 말이다.

"우리 기술 수준이 높으니, 우리 방식에 맞추세요."라는 태도로는 통하지 않았다.

고객이 진짜 원했던 것은 언제 어디서든 쉽고 편하게 협업할 수 있는 환경, 그리고 자신의 조직 문화와 보안 기준에 맞는 사용자 경험이었다. 이 가치를 새롭게 인식하고 제품 전략과 서비스 방식을 바꾸는 순간 시장 반응은 달라졌다.

동료 가치도 마찬가지다. 관리 중심의 임원일 때 팀원들은 "왜 굳이

AI를 써야 하냐"고 물었다. 하지만 임원이 팀원들과 함께 AI 활용법을 실험하고, 새로운 업무 방식을 함께 찾아가는 촉진자가 되자 팀의 몰입도는 눈에 띄게 달라졌다.

ReMIND는 이런 과정이다. **고객과 동료의 숨은 가치를 다시 발견하고, 이것을 전략과 시스템 안에 반영하는 관점의 전환이다.**

3) ReENGINEERING: 시스템 혁신과 생태계 리더십 하다

마지막 단계는 ReENGINEERING이다. AI와 로봇이 함께 일하는 새로운 조직, 그리고 이를 둘러싼 **생태계 전체를 다시 설계하는 단계다.**

이제 경쟁은 기업 vs 기업이 아니라 **생태계 vs 생태계**로 벌어진다. 고객, 파트너, 공급망, 기술 커뮤니티까지 포함한 넓은 네트워크 안에서 누가 더 빨리 변화를 시스템으로 만드는가가 성패를 가른다.

임원은 새로운 기회와 변화를 읽고, 선택과 집중을 통해 시스템을 재설계해야 한다. 여기서 중요한 것은 단순한 생산성 향상이 아니라 **AI와 사람, 조직과 조직이 함께 일하는 구조를 제도와 시스템으로 외부 파트너십을 확장하며 생태계를 리딩하는 것**이다.

SaaS 비즈니스는 한 기업의 역량만으로는 성장하기 어렵다. 기업의 전략과 장점을 기반으로 파트너사, 개발자 커뮤니티, 고객 네트워크 등 외부 생태계와의 연결이 필수적이다.

필자는 SirTEAM 메일협업 사업을 추진하면서 현장 AWS 등 파트너사들과 API 연동, 결제 생태계 협력, 고객사와 공동 파일럿 프로젝트를 진행했다. 단순히 제품을 공급하는 것이 아니라 **고객과 함께 솔**

루션을 만들고 파트너와 함께 성장하는 생태계 구조를 설계해야 했기 때문이다.

ReENGINEERING은 곧 시스템 혁신이다.

- AI와 챗봇 로봇 Agent와 함께 일하고 팀워크하는 조직을 만들고
- 고객·시장·경쟁 우위를 연결하는 파트너십 생태계를 구축해 가는 일

이 과정을 통해 기업은 지속 가능한 성장 엔진을 갖추게 된다. 그리고 임원은 단순 관리자가 아니라 **생태계를 설계하는 전략 리더로** 자리매김하게 된다. 과거의 방식으로는 더 이상 버틸 수 없다. 관리자는 사라지고, 전략가만 남는다.

AI 시대 임원의 생존 공식은 명확하다.

- ReWORK:

  AI와 자동화를 활용해 기존 사업을 재구성하고 최적화한다.
- ReMIND:

  고객과 동료의 가치를 새롭게 인식하고,

  그것을 기준으로 고객 가치 혁신 전략을 설계·실험한다.
- ReENGINEERING:

  생태계 차원의 전략 Business Model 시스템 혁신으로

  조직을 AI와 함께 진화시키고 생태계내 리더십 우위를 확보한다.

AI 시대의 생태계 리더십을 위한 3단계 프레임워크

01	02	03
Re WORK	**Re MIND**	**Re ENGINEERING**
현재 생태계 유지 기존 비즈니스 최적화 (생산성·품질력·신뢰성)	미래 생태계 준비 시장 가치 재발견 (고객·동료 경험 만족도)	생태계 혁신 시스템 재설계 (플랫폼·파트너십·혁신)

임원은 이제 관리자가 아니다. **임원은 VisionBizOpsDev를 설계하고 촉진하는 전략가다.** 이 전환을 이끌어내지 못하면 임원은 AI에 의해 먼저 조직에서 대체될 것이고, 그 기업은 생태계 경쟁에서 밀려 날 것이다.

실행자가 아닌,
일의 판을 설계하고 촉진하는 임원이 되라

임원은 더 이상 직접 뛰는 **실행자**가 아니다. 임원은 기술Tech·사람 Human·기회Opportunity를 기준으로 무엇을 더하고, 무엇을 빼고, 무엇을 바꿀지낄·끼·빠·빠를 설계하며 조직을 리딩하고 서포트하는 **판 설계자**다.

AI 시대의 리더십은 단순한 '기술 이해력'으로 설명되지 않는다. AI를 얼마나 잘 다루느냐보다 더 중요한 것은, 그 기술을 중심으로 **사람과 기회를 어떻게 연결하느냐**에 달려 있다.

기술이 세상을 바꾸는 것이 아니다. **기술을 통해 의미를 다시 설계하는 리더**가 세상을 바꾼다. AI를 배척하는 임원은 더 이상 설 자리가 없다. AI를 두려워하는 리더는 스스로의 권한을 포기하는 것과 같다.

이제 임원에게 요구되는 리더십은 명확하다. AI와 함께 일할 줄 아는 리더, 즉 **기술·사람·기회를 통합적으로 설계하는 전략가형 리더십**이다.

1) 기술: AI를 이해하고, 파트너로 삼는 역량

AI는 단순한 자동화 도구가 아니다. 의사결정의 속도와 정밀도를 비약적으로 높여주는 **전략적 파트너**다.

리더가 기술의 모든 작동 원리를 알 필요는 없다. 하지만 최소한 이 질문에는 답할 수 있어야 한다.

"이 기술은 **무엇을 가능하게 만들고**, 동시에 **무엇이 아직도 불가능하게 만드는가?**"

이 통찰이 없으면 의사결정의 기준이 사라지고, 리더십은 과거의 관성이나 눈앞의 데이터에 끌려다니게 된다. AI를 **도구**로만 쓰는 기업은 많다. 그러나 AI를 **전략적 파트너**로 대하는 기업은 드물다. 이 차이가 미래를 가른다. 리더의 역할은 기술로 효율을 조금 더 만드는 데서 끝나지 않는다. **AI 기술을 통해 더 나은 질문과 더 정확한 선택을 만들어 내는 것, 그것이 리더의 새로운 경쟁력이다.**

2) 사람: 신뢰와 공감으로 변화를 촉진하는 능력

AI가 조직의 효율을 책임진다면, 리더는 조직의 감정을 책임져야 한다. AI가 일터에 들어오면 사람들은 묻는다.

- "내 일자리는 사라지는가?"
- "나는 이제 필요 없는 존재인가?"

리더는 이 두려움을 억누르는 사람이 아니라, **신뢰와 학습의 에너지**

로 **바꾸는 사람**이어야 한다. AI 시대의 리더는 단순 관리자도, 카리스마형 영웅도 아니다. 그는 **조직의 심리적 안전지대를 설계하는 상태학자**다.

- 사람들이 실패를 두려워하지 않고
- 새로운 시도를 통해 배우고
- 함께 성장할 수 있도록 돕는 것

이것이 리더십의 핵심이다.

신뢰는 데이터가 아니라 **태도**에서 만들어진다. AI가 아무리 많은 정보를 제공해도, 사람들은 결국 **리더의 말과 행동**에서 방향을 읽는다. 그래서 AI 시대일수록 **인간적인 리더십, 공감의 리더십**이 더 중요하다. AI가 계산하지 못하는 '공감'이야말로 조직이 변화에 적응하는 가장 강력한 힘이다.

3) 기회: 불확실성 속에서 성장의 방향을 설계하는 능력

AI의 등장은 위기인 동시에 기회다. 모든 산업의 경계가 허물어지고, 기술과 시장이 실시간으로 재편되고 있다. 이 속도와 복잡성은 기존의 전략으로는 감당하기 어렵다.

리더는 이제 **불확실성을 피하는 사람이 아니라, 불확실성을 탐색하는 사람**이 되어야 한다. 기회는 예측에서 오지 않는다. **실험에서, 시도에서, 관계에서 온다.**

AI는 리스크를 계산하지만, 리더는 **리스크를 감수하는 결단**으로 새로운 시장을 연다. 그래서 AI 시대의 리더는 데이터 중심 관리자에서, 기회 중심 설계자Opportunity Architect로 이동해야 한다.

4) T3·A3·F3: AI 시대의 리더십 생존 성장 프레임 적용

AI 시대의 생존 리더십은 T3·A3·F3 세 가지 능력으로 정리할 수 있다.

- T3 Trend·Timing·Teamwork
  - 기술과 시장의 흐름Trend을 읽고
  - 적절한 타이밍Timing을 선택하며
  - 팀의 역량Teamwork을 연결하는 힘
  - → 방향 기회를 읽는 리더십
- A3 Agile·Adapt·Amplify
  - 빠르게 움직이고Agile
  - 변화에 적응하며Adapt
  - 잘되는 것을 조직 전체로 증폭시키는Amplify 힘
  - → 실행 성과를 이끄는 임팩트 리더십
- F3 Facilitate·Familiarize·Fandomize
  - 개인을 조직과 고객 경험에 연결하고Facilitate
  - 개인과 고객에게 익숙한 경험을 만들며Familiarize
  - 결국 개인과 고객의 경험이 팬덤Fandom으로 진화시키는 힘
  - → 관계 신뢰 브랜드를 키우는 리더십

이 세 가지는 더 이상 선택이 아니다. AI 시대를 살아남기 위한 리더십의 생존 3요소다.

5) AI와 함께 성과를 못 내는 임원은 자리에서 밀려난다

"AI와 함께 성과를 못 내는 임원은 자리에서 밀려난다."

이 문장은 이제 경고가 아니라, **시대의 선언**이다.

AI와 함께 일하지 못하는 임원은 기술에 밀려나는 것이 아니라, **변화의 언어를 잃는 것**이다. 기술을 이해하지 못하면 **기회를 잃고**, 사람을 이끌지 못하면 **조직이 성장하지 못하고**, 기회를 포착하지 못하면 **기업은 도태된다.**

AI는 리더의 자리를 '빼앗는 존재'가 아니다. 단지, **AI와 함께 진화하지 않는 리더의 자리를 대체할 뿐**이다. 이제 리더의 역할은 분명하다. AI가 데이터를 분석하는 동안, **리더는 의미를 설계하고, 신뢰를 쌓으며, 조직이 새로운 시장을 향해 나아갈 수 있도록 방향을 제시해야 한다.**

그것이 기술Tech·사람Human·기회Opportunity를 잇는 **미래형 전략가 리더의 조건**이다.

AI 시대, AI_{Appreciative Inquiry} 리더십으로 신사업을 본질적으로 혁신하라

AI가 보고서를 쓰고 데이터를 분석하며 의사결정을 보조하는 지금, 임원의 역할은 더 이상 "직접 실행"이 아니다. 이제 임원의 진짜 일은 **미래를 설계하고, 사람과 기술이 함께 일하도록 촉진하는 것**이다. 실행은 AI가 맡고, 의미는 리더가 설계해야 한다.

1) AI로 '실행'의 한계를 넘고, AI로 '설계'를 시작하라

오랫동안 기업은 "실행력 있는 리더"를 최고 가치로 여겼다. 빠른 판단, 정확한 명령, 완벽한 마감. 그러나 지금, 실행은 리더의 경쟁력이 아니다. AI가 이미 더 빠르고 더 정확하기 때문이다. 그러므로 리더의 중심은 "얼마나 열심히 했는가"에서 "얼마나 전략적으로 설계했는가"로 이동한다.

이제 리더는 실행자Doer가 아니라 설계자Designer가 되어야 한다. 설계자는 목표를 만드는 사람이 아니라, 문제를 바라보는 **프레임을 디자인하는 사람**이다. 사람들이 스스로 해답을 찾아가도록 시스템을 만들고 맥락을 설계하는 사람이 바로 리더다.

2) 인공지능 AI 시대의 또 다른 AI: Appreciative Inquiry존중경영

AIArtificial Intelligence는 데이터를 분석한다. AIAppreciative Inquiry는 사람의 가능성을 발견한다. AI 기술이 기업의 효율을 바꾼다면, AI 철학은 기업의 **에너지 방향**을 바꾼다. Appreciative Inquiry는 문제를 고치려 하지 않는다. **잘 되고 있는 것을 확장**하며 조직의 변화를 촉진한다. 즉, 기술 중심의 자동화가 아니라 관계 중심의 자가 진화 구조Self-evolving System를 만든다.

이 철학이 신사업에 접목될 때, 조직은 '지시받는 팀'에서 '함께 탐구하는 실험실'로 변한다.

- 실행자는 "무엇을 해야 하나?"를 찾고
- 설계자는 "왜 해야 하는가?"를 묻고
- 촉진자는 "어떻게 함께 할 것인가?"를 설계한다.

이 존중 기반의 세 가지 질문이 AI 시대 신사업 혁신의 새로운 구조를 만든다.

3) 신사업 혁신은 문제에서 시작하지 말고, 가능성에서 시작하라

대부분의 신사업은 '문제 해결'로 접근한다.

"무엇이 안 되고 있는가?"

"어디를 고쳐야 하는가?"

하지만 진짜 혁신은 이렇게 시작되지 않는다.

"무엇이 잘 되고 있는가?"

"우리가 가장 강력했던 순간은 언제였는가?"

Appreciative Inquiry는 이렇게 묻는다.

- 성공을 만들어낸 조건은 무엇이었는가?

- 그 성공의 본질적 가치는 무엇인가?

- 그것을 새로운 기술과 연결해 어떤 가치를 만들 수 있는가?

이 관점으로 전환하면 신사업은 '결함 보완'이 아니라 **핵심 강점의 확장**이 된다. AI가 고객 데이터를 분석하고 추론한다면, AIAppreciative Inquiry는 그 데이터의 **의미를 연결**한다. 그리고 이 의미가 신사업의 전략적 BM이 될 수도 있다.

실행 중심에서 설계·촉진 중심으로 이동하는 3단계 전환

단계	전통적 리더	AI 시대 리더 (Appreciative Facilitator)
① 문제 중심	문제를 찾고 지시한다	강점을 찾고 대화를 설계한다
② 실행 중심	실행을 통제하고 보고받는다	자율적 실험과 피드백을 촉진한다
③ 관리 중심	KPI 중심 관리	의미 중심의 성과(Impact)를 설계한다

이 세 단계가 바로 AI 시대 리더십의 구조적 전환이다. 리더는 AI가 만들어낸 실행 데이터를 그대로 받지 않는다. 그 데이터를 **의미와 관계의 언어로 번역**한다. 즉, 리더는 기술과 사람 사이의 **인터프리터**이며 변화를 움직이는 **촉진자**다.

신사업 설계자는 탐구로 디자인하고,
대화로 실행하라

AI 시대의 신사업은 더 이상 시장조사나 경쟁분석만으로는 설계될 수 없다. 이제 필요한 것은 탐구 기반의 설계Appreciative Design Thinking다. 다음은 Appreciative Inquiry의 5원칙을 신사업에 적용한 것이다.

원칙	신사업 적용
구성주의	'혁신'을 '두려움'이 아닌 '탐험'의 언어로 정의한다
긍정 원칙	강점 기반 탐구로 에너지를 만든다
동시성	질문이 변화를 일으킨다—탐구가 곧 혁신의 시작
시적 원칙	과거 성공을 재해석해 자산을 찾아낸다
예기 원칙	미래 이미지를 시각화하고 구성원과 공유한다

AI 시대 신사업 설계자는 데이터를 해석하는 기술자이자, 조직의 에너지를 설계하는 스토리 메이커다.

1) AI_{Artificial Intelligence}와 함께 AI_{Appreciative Inquiry}하지 못하는 리더는 도태된다

AI가 실행을 대신하는 시대, 리더의 생존 조건은 단순하다. '어떻게 실행하느냐'가 아니라 '무엇을 설계하느냐, 어떻게 촉진하느냐'이다.

Appreciative Inquiry는 리더에게 이렇게 되묻는다.

- "당신은 무엇을 통제하는가?"가 아니라
- "당신은 어떤 가능성을 성장하게 하는가?"

AI와 함께 일하는 리더는 효율을 추구하지 않는다. 그는 의미를 설계하고, 사람을 연결하며, 가능성을 촉진하는 리더다. 그가 만드는 신사업은 데이터에서 시작해 대화로 성장하며 신뢰로 완성된다.

2) AI_{Appreciative Inquiry} 다섯 단계 D5로 신사업을 혁신하라

AI 시대, 신사업 혁신은 더 이상 "문제부터 찾는 전략 회의"로 되지 않는다. **질문을 어떻게 던지느냐, 강점을 어디서부터 발견하느냐, 그리고 그 흐름을 어떻게 설계·실행·진화시키느냐**에서 승패가 갈린다.

Appreciative Inquiry의 다섯 단계, D5_{Discover–Dream–Design–}

Deliver-Develop는 AI 시대 리더에게 새로운 신사업 로드맵을 제시할 것이다.

D1. Discover — 강점을 발견하라 발견의 리더십

"문제에서 답을 찾지 말고, 이미 잘되고 있는 것에서 가능성을 찾아라."

혁신은 결함에서 출발하지 않는다. **이미 잘 되고 있는 일의 본질적 이유를 발견하는 것**에서 시작된다.

리더는 조직의 강점, 구성원의 재능, 과거의 성공 경험을 발굴하고, 그 안에 숨어 있는 패턴과 잠재력을 찾아내야 한다. 이 과정에서 리더는 '평가자'가 아니라 탐구자Explorer다. 성과가 나빴던 순간을 캐기 보다, **성과가 좋았을 때의 조건**을 탐구해야 한다. 질문이 달라지면, 현실이 달라진다.

- 우리가 가장 자랑스러웠던 순간은 언제였는가?
- 그때 무엇이 잘 작동하고 있었는가?
- 그 강점을 다른 비즈니스 영역에도 적용할 수 있는가?

D2. Dream — 비전을 상상하라 상상의 리더십

"현실을 예측하는 사람이 아니라, 미래를 상상하는 사람이 세상을 바꾼다."

AI 시대의 리더는 데이터로 미래를 '맞히는 사람'이 아니라, 사람들과 함께 미래를 **그리는 사람**이다.

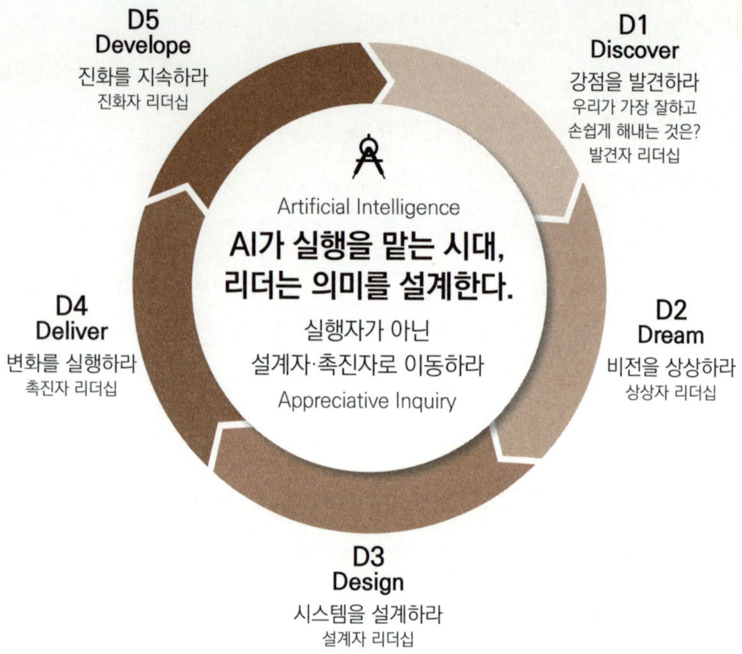

Appreciative Inquiry의 예기 원칙Anticipatory Principle에 따르면 우리가 그릴 수 있는 미래만이 현실이 된다. 따라서 리더는 구성원과 함께 **긍정적 비전의 이미지**를 만들어야 한다. 이때 비전은 추상적 구호가 아니라, 각자 마음속에서 살아 움직이는 **감정의 그림**이어야 한다.

"우리가 꿈꾸는 미래는, 우리가 행동하게 되는 방향을 결정한다."

• 1년 뒤, 우리 조직이 자랑스럽게 소개될 한 문장은 무엇인가?

• AI 시대에 우리가 고객에게 남기고 싶은 '인간적 가치'는 무엇인가?

• 우리의 강점이 세상을 어떻게 바꿀 수 있을까?

D3. Design — **시스템을 설계하라** 설계의 리더십

"AI가 데이터를 설계한다면, 리더는 의미를 설계해야 한다."

AI 시대의 설계자는 기술 설계자Engineer가 아니라 의미 설계자 Meaning Architect다. 데이터를 기반으로 시스템을 짜되, 그 안에 **인간의 경험과 가치를** 담는 역할이다.

Appreciative Inquiry의 **구성주의 원칙**은 말한다.

"조직은 우리가 사용하는 언어로 만들어진다."

리더는 신사업 모델, 팀의 협업 구조, 고객 경험 프로세스를 단순한 '효율 중심'이 아니라 **'효과와 의미 중심'으로 재설계해야 한다.**

- 문제 중심에서 **강점 중심 비즈니스 설계로 전환**
- 고객 가치 여정을 기준으로 한 **시스템적 접근**
- 기술AI: Artificial Intelligence과 감정AI: Appreciative Inquiry의 **통합 설계**

생각해 보자.

- 우리의 비전이 일상에서 정말 작동하려면, 어떤 구조가 필요할까?
- AI를 단순 도구가 아니라 파트너로 삼는다면, 우리의 일은 어떻게 달라질까?
- 사람과 기술이 함께 성장하도록 시스템을 어떻게 디자인할 수 있을까?

D4. Deliver — **변화를 실행하라** 촉진의 리더십

"명령이 아닌 대화로, 통제가 아닌 촉진으로 움직인다."

이 단계에서 리더는 '지시자Director'가 아니라 '촉진자Facilitator'다. Appreciative Inquiry의 동시성 원칙Simultaneity이 말하듯, 탐구와 변

화는 동시에 일어난다. 변화는 지시에서 시작되지 않는다. 사람들이 대화 속에서 새로운 의미를 발견할 때, 비로소 시작된다.

리더의 역할은 계획을 전달하는 사람이 아니라, **구성원들이 스스로 움직이도록 대화의 장을 여는 사람**이다.

"리더는 대화를 설계하고, 대화는 행동을 이끈다."

- 명령 대신 **질문**으로 팀을 움직인다.
- 문제 회의 대신 '강점 탐구 미팅'을 연다.
- 실험을 장려하고, 실패를 학습 자산으로 전환한다.

진정성 있게 물어보자.

- 지금 우리 팀이 가장 잘하고 있는 것은 무엇인가요?
- 그 성과를 다른 팀이나 고객에도 확산할 수 있을까요?
- 이번 변화의 성공을 위해, 제가 도와드릴 수 있는 것은 무엇인가요?

D5. Develop — 진화를 지속하라 진화의 리더십

"AI는 데이터를 학습하고, 리더는 의미를 학습한다."

AI 시대의 리더십은 프로젝트가 아니라 **진화 과정**이다. AI인공지능는 끊임없이 데이터를 학습하며 스스로 고도화된다.

Appreciative Inquiry의 철학도 같다. 조직은 한 번의 혁신이 아니라, **강점 기반 학습 루프**를 통해 진화한다. 리더는 변화의 결과를 관리하는 사람이 아니라, 변화가 지속되도록 **문화와 구조를 설계하는 사람**이어야 한다.

이 단계에서 필요한 것은 평가Evaluation가 아니라 성찰Reflection이다.

리더는 AI와 함께 데이터를 돌아보고, 사람들과 함께 **배움을 축적하는 시스템**을 만든다.

"데이터가 아니라, 대화가 조직의 미래를 학습시킨다."

이 또한 물어보자.

- 이번 변화에서 우리가 새롭게 배운 것은 무엇인가요?
- 이 경험을 다음 프로젝트·다음 단계에 어떻게 연결할 수 있을까요?
- 우리가 '성장했다'고 느끼는 순간은 언제였나요?

3) D5는 기술 혁신이 아니라 리더십 혁신이다

AI가 업무를 빠르게 대체하는 시대, 리더의 역할은 '더 빨리 일하는 사람'이 아니라 '더 깊이 있게 일의 의미를 설계하고 연결하는 사람'으로 바뀐다.

D5는 단순한 방법론이 아니라 **AI 시대 리더십의 새로운 로드맵**이다.

- AI Artificial Intelligence가 효율을 만든다면,
- AI Appreciative Inquiry는 의미를 만든다.

AI 시대의 진짜 혁신가는 단순 실행자가 아니다. 설계자이자 촉진자이며, 진화를 이끄는 리더이다.

D5 요약 &
ReWORK·ReMIND·ReENGINEERING으로
진화한다

AI가 실행을 맡는 시대, 리더는 의미를 설계한다. 리더는 실행자가 아니라 **설계자·촉진자·진화자**로 이동해야 한다. Appreciative Inquiry는 **기술 혁신이 아니라 리더십 혁신의 프레임**이다. 이 리더십은 앞에서 말한 ReWORK–ReMIND–ReENGINEERING 흐름과 맞물린다.

- ReWORK으로 기존사업 인당 생산성 뛰어 넘자

  메일 보안·메일 협업 PKG 구축 중심으로 인당 생산성 1억을 뛰어넘는 구조를 만들고

- ReMIND로 가치혁신해 인당 생산성 재발견하자

  메일 보안·메일 협업 SaaS, 보안 관제·인프라 서비스로 인당 생산성 2억을 돌파할 고객 가치를 설계하며

• ReENGINEERING해서 생태계 리더십 구조를 혁신한다

AI 시대 일소통 커뮤니티 리더십을 바탕으로 인당 생산성 5억을 돌파하는 플랫폼 사업자로 진화한다.

기존 방식만으로는 더 이상 경쟁력을 유지하며 생산성을 만들어내기 어렵다. 그래서 우리는 AI를 기반으로, 기존 업무를 더 쉽고 편하게 수행하도록 돕는 AI 어시스턴트와 에이전트를 활용해 내부 업무 자동화를 추진해왔다. 앞으로도 경쟁은 더욱 심화되고, 고객의 요구는 다양해지고 개인은 초개인화 되고 조직은 초개별화 되면서 훨씬 더 복잡해지고 있다. 고객사 마다 이미 복잡한 업무·소통 시스템은 AI 시대에 들어 더욱 다양해지고, 사용하는 도구도 늘어나며 복잡성이 더욱 가중되고 있다. 결국 각 기업과 기관, 조직의 특성에 맞춰 '초개인화된 업무 환경'이 필수가 되는 시대가 오고 있다.

이 변화를 기회로 볼 것인가, 위기로 볼 것인가는 리더의 관점에 달려 있다. 그리고 그 관점은 조직 전체로 전파되고 전염이 될 것이다. AI 문명은 기회인가, 위기인가? 임원은 이를 어떻게 돌파할 것인가? 결국 VisionBizOpsDev 관점에서 일·관계·성장을 Re-Design해서 ReWORK, ReMIND, ReENGINEERING하며 변화를 앞서가야 한다, 그러기 위해서 임원은 AIAppreciative Inquire 기반의 D5 전략으로 환경을 조성하고 실행을 AIArtificial Intelligence로 촉진하며 생태계를 리딩해서 성장의 기회를 잡아야 한다.

2장

AI 시대, 실적을 지키는 임원의 성과 공식

신현숙

새로운 시작:
숫자만 보던 시대는 끝났다

필자는 30년간 글로벌 기업에서 HR 책임자, 조직운영 책임자로 일해왔다. 성과 관리는 나에게 책 속 개념이 아니라, 매일의 공기이자 심장의 박동과도 같았다.

더 나은 성과를 만들기 위해 조직 구조를 바꾸고, 역할과 책임을 조정하고, 성과의 전장을 직접 걸어왔다. 지금은 성과와 리더십 전문가로 현장에서 수많은 리더들을 만나, "어떻게 성과를 다르게 관리해야 하는가"를 함께 고민하고 있다. 최근 몇 년, 변화의 속도와 결은 완전히 달라졌다. 필자도 이 과정에서 두 가지를 분명하게 체감하고 있다.

- 첫째, 성과의 정의가 바뀌었다.
- 둘째, 성과의 공식이 완전히 달라지고 있다.

그래서 질문은 오히려 단순해졌다.

- 오늘의 조직은 성과 관리를 어떻게 바꿔야 하는가?
- 이를 위해 리더십은 무엇을 새롭게 보고, 무엇부터 실행해야 하는가?

성과관리 전문가로 살아온 필자는, 지금 이 시대의 리더들과 어떤 실천적 이야기를 나누어야 하는지에 대한 질문, 그 질문이 이 장의 출발점이다.

숫자라는 신화와 그 붕괴

임원으로 커리어를 이어가던 시절, 성과의 언어는 곧 **숫자**였다. 매출, 영업이익, 점유율, 비용절감 같은 지표는 절대적 권위를 가졌고, 그 숫자가 조직의 생존과 나의 성과를 증명하는 기준이었다.

매주 월요일 새벽, 회의실 스크린에는 수많은 숫자들이 전광판처럼 나열되었다. 회의에 참석한 모두는 그 숫자의 의미와 원인을 분석하며 다음 주의 예상 수치를 발표했다. 그날의 숫자에 따라 회의의 분위기와 한 주간 사무실의 공기가 갈렸다. 숫자가 계획을 상회하면 안도의 숨을 쉬었고, 숫자가 어긋나는 순간 압박과 책임이 쏟아졌다.

숫자로 판명되는 성과와 평가 속에서. 나를 포함한 모든 임원들이 매주 방대한 보고서를 준비하며 **숫자의 오차를 맞추는 일**에 에너지를 쏟는 동안, 사람과 조직문화는 그 순간의 수치에 종속되었다.

그러나 30년 현장 경험 속에서 '숫자가 곧 성과다'라는 신화는 서서히 금이 가기 시작했다. 전광판의 숫자와 함께 회의의 중심에 앉아 있던 필자는 자주 스스로에게 이렇게 물었다.

"우리가 진짜로 보고 있는 것은 무엇인가?"

"지금 우리가 온 힘을 다해 붙잡고 있는 이 숫자들이 과연 옳은 기준인가?"

HR과 운영을 책임지던 자리에서 필자, 숫자 중심 문화가 **일시적으로 실적을 끌어올릴 수는 있어도** 장기 혁신, 인재 성장, 고객 신뢰를 담보하지 못하는 장면들을 수없이 목격했다. 안정적인 '녹색 불'로 가득한 전광판 뒤편에서 구성원들은 지쳐가고 있었고, 아름다운 조직문화를 외치던 구호들은 조금씩 균열을 드러내고 있었다.

돌이켜보면, 숫자는 "무엇이 일어났는가"는 보여주지만, "왜 일어났는가, 앞으로 무엇을 바꿔야 하는가"는 말해주지 못한다. 숫자는 과거를 정리할 뿐, 미래를 설계하지는 못한다.

AI 대전환이 가져온 성과의 지각 변동

AI와 디지털 전환, 초연결 시장, 그리고 밀레니얼·Z세대의 부상은 성과의 본질을 근본부터 흔들고 있다. "결과를 뒤늦게 평가하는 도구"에 가까웠던 과거의 성과관리와 달리, 지금은 하루·분 단위로 흐르는 데이터, 직원 경험Employee Experience, 고객 여정Customer Journey까지 포함해 **종합적으로 성과를 관리하는 시대**로 이동했다.

오늘의 경영진은 매 순간 실시간 지표를 해석하며, 무엇을 고치고,

어디를 강화해야 하는지 즉각적으로 판단해야 한다. 더 중요한 변화는, 성과의 무게 중심이 **숫자에서 사람과 문화로 이동**했다는 점이다. 지금의 기업은 ESG, 지속가능성, 다양성·포용성, 디지털 전환이라는 요구를 더 이상 회피할 수 없게 되었고, 지시·통제에서 **비전·공감·코칭 등 내재적** 리더십 중심으로 이동하고 있다.

이와 함께 구성원 또한 회사를 '평생직장'이 아니라 **개인의 성장과 경험의 플랫폼**으로 바라본다. 이들은 공정한 평가, 투명한 소통, 나의 성장을 촉진하는 일터를 원한다. 일과 삶의 균형, 심리적 안전감, 사회적 가치에 대한 기여 경험을 중시하는 세대가 조직의 중심으로 자리 잡고 있다. **'일의 의미'와 '조직의 가치'를 중시하는 인식**이 확산되면서, 기업은 이제 숫자 너머의 맥락context을 읽어야 하고, 숫자를 만들어 내는 **사람의 에너지와 관계의 질**을 관리해야 하는 시대로 진입했다.

이 변화의 흐름 속에서 조직은 더 이상 과거 방식만으로 지속 가능한 경쟁력을 유지할 수 없다. 이 변화 속에서 리더는 스스로에게 물어야 한다.

"이를 위해 조직의 성과관리는 무엇을, 어떻게 바꾸기 시작했는가?"

30년 현장 경험과 최근의 변화를 함께 보면서, 필자는 성과관리에서 임원의 역할을 이렇게 다시 정의하고자 한다.

"여전히 숫자와 등급에 머무는 임원은 조직의 기회를 놓치게 된다. 숫자에 갇힌 리더는 과거의 그림자를 관리할 뿐이다."

"임원은 숫자를 관리하는 사람이 아니라, AI 시대에 작동하는 새로운 성과 공식을 제시하는 사람이다."

AI 시대, 임원의 역할은 과거처럼 숫자의 판독자에 머무는 것이 아니라 구성원이 미래로 나가야 할 방향을 비춰주어야 한다 성과관리는 단순한 관리가 아니라, 조직의 철학과 문화를 새롭게 써 내려가는 **창조적 행위**이다. 성과에 직접적인 영향을 미치는 **상수값을 설계**하고, 조직의 미래를 조율하는 **지휘자**가 되어야 한다. 그렇게 할 때, 숫자는 **결과로서 자연스럽게 따라온다.**

VUCA를 넘어 BANI로: 성과 개념의 판도 변화

우리는 오랫동안 VUCA변동성, 불확실성, 복잡성, 모호성를 이야기해 왔다. 이제는 그보다 더 취약하고 예측 불가능한 상태, 즉 **BANI** 환경으로 진입하고 있다.

Brittle: 쉽게 깨지는 취약함/ Anxious: 불안정한 감정과 환경/ Nonlinear: 비선형적 변화/ Incomprehensible: 이해하기 어려운 상황

이 환경에서 성과의 개념은 근본적으로 달라졌다. 주어진 목표를 얼마나 효율적으로 달성했는가 하는 전술적 성과Tactical Performance만으로는 더 이상 충분하지 않다. 여기에 더해, 환경 변화를 감지하고, 새로운 정보에 맞춰 가설을 바꾸고, 새로운 위협에 신속히 대응하며, 해결 방식을 유연하게 설계해가는 적응적 성과 Adaptive Performance가 생존의 핵심이 되었다.

KPI 숫자 중심으로 움직이며, 숫자만을 관리하며 전술적 성과를 평가하는 방식은 더 이상 '성과관리의 전부'가 아니다. 이제 성과 관리는 단순한 평가가 아니라, 조직이 유연하고 민첩하게 적응적 성과를 달성할 수 있도록 **생태계를 설계하는** 일이다.

성과의 기준은

• 얼마나 잘했는가What에서

• 어떻게 만들어졌는가How,

• 무엇을 남겼는가Impact로 이동·확장되고 있다.

리더는 AI 시대에 요구되는 조직관리 방식의 전환 포인트를 정리하고, 전통적 성과 측정 방식의 한계를 짚으며, 전술적 성과를 넘어 **적응적 성과로 이동할 수 있도록** 무엇을 바꿔야 하는지의 윤곽을 제시해야 한다.

"그렇다면, 이런 적응적 성과는 **어떻게 만들어지는가?**"

"유연하게 일하라"는 구호만으로는 조직의 본질은 달라지지 않는다. 내가 현장에서, 그리고 여러 연구를 통해 반복해서 확인한 답은 분명하다.

적응성의 핵심 연료는 "심리적 안전감"이다.

구글의 '아리스토텔레스 프로젝트'를 비롯한 여러 연구, 그리고 내가 컨설팅 현장에서 본 수많은 조직 사례는 한 가지 사실로 수렴된다. **반대 의견을 말해도 불이익이 없고, 실패가 경력의 흠이 아니라 배움의 기록이 되는 분위기여야 한다.** 이 심리적 안전감이 있을 때만 사람들은 진짜로 '적응하는 존재'가 된다.

심리적 안전감이 있는 팀에서는 구성원들이 실패를 두려워하지 않고, 자유롭게 발언하고, 새로운 실험을 시도할 수 있다.

이 안전감이 확보되면, 직원들은 새로운 정보가 들어왔을 때 숨기지 않고 가설을 바꾸고, 계획을 수정하며, 빠른 학습 루프를 돌릴 용기를 얻게 된다. 안전감이 확보될 때 팀은 더 빨리 배우고, 더 자주, 더 정확하게 적중하는 성과를 만들어낸다. **실패의 두려움을 낮추고, 탐색과 도전의 에너지를 공급받으며** 적응성은 조직의 '예외적인 순간'이 아니라 **일상의 기본값**이 된다.

여기서 리더는 도구가 해내지 못하는 **해석자이자 설계자**의 역할을 해내야 한다.

1) 통제자에서 설계자·촉진자로: 권한과 정보의 개방

과거 리더의 역할은 목표를 하달하고, 규칙을 엄격하게 관리하는 **통제자**에 가까웠다. 그러나 AI 시대의 리더는 **목표·규칙·도구의 가드레일을 설계하는 설계자**로 이동해야 한다.

- "무엇을 해야 하는가"만 정하는 것이 아니라,
- "어떤 범위 안에서 자율적으로 결정할 수 있는가"를 설계하고,
- 그 안에서 팀이 스스로 판단할 수 있도록 **권한과 정보를 과감히 개방**해야 한다.

2) 지시자에서 코치로: 질문과 장애물 제거에 집중

BANI 시대의 변화는 비선형적이다. 리더도 더 이상 모든 정답을 알

고 있을 수 없다. 따라서 "정답을 제시하는 지시자" 역할은 점점 더 무의미해지고 있다. 리더의 역할은 "무엇을 할 것인가?"를 결정해 주는 것이 아니라, "어떻게 하면 우리가 더 잘 배울 수 있는가?"로 이동해야 한다.

마이크로소프트가 사티아 나델라 CEO 취임 이후 '성장 마인드셋' 리더십을 도입해 통제 중심 문화에서 **학습 중심 문화**로 전환한 사례는 이 시대 리더십 변화의 대표적인 장면이다.

3) 감시자에서 신뢰 구축자로: 근태를 넘어 책임으로

하이브리드 근무가 일상이 되면서 리더들은 '감시자 역할'의 한계를 매우 구체적으로 경험하게 되었다. 이제 리더는 물리적 근태 대신 **성장, 학습, 책임**을 중심으로 신뢰를 구축해야 한다.

"내가 보지 않아도 당신은 중요한 문제를 해결하고, 빠르게 배우며, 결과에 책임을 질 것이다." 라는 철학을 제도와 문화에 녹여내는 것이 AI 시대 리더의 역할이다. 이러한 신뢰 기반 리더십이 심리적 안전감을 만들고, 그 위에서 비로소 자율적인 적응 성과가 **폭발적으로** 일어난다.

리더에게 던지는 질문

- 당신의 조직은 여전히 숫자만을 성과의 언어로 사용하고 있지는 않
  은가?
  우리 팀이 집착하고 있는 '숫자'는
  과거를 정리하는 기록인가,
  아니면 미래를 창조하는 동기 부여 도구인가?
- 팀 성과 리뷰 회의에서
  "무엇이 일어났는가숫자"보다
  "왜 일어났는가원인"와
  "앞으로 무엇을 바꿀 것인가학습·실험"에
  우리는 몇 퍼센트의 시간을 쓰고 있는가?

리더 실천 포인트

실패 사례 발표를 '질책의 자리'가 아니라 **최고의 학습 기회**로 재설계한다. 실패에서 얻은 인사이트를 공유한 직원에게 시간·인정 등의 인센티브를 제공한다.

연말 등급·점수 논의 시간을 50% 줄이고, 그만큼을 "다음 분기의 성장 목표와 학습 과정"을 설계하는 코칭 대화로 채운다.

AI 시대, 사람·문화·데이터가 만드는
새로운 성과 공식

필자는 오랫동안 "조직의 성공"이라는 목표 아래 수많은 성과 공식을 만들고, 고치고, 다시 설계해 왔다. 해마다 성과 기준을 고도화하고, 새로운 평가 항목을 추가하고, 시스템을 보완했다.

리더들이 내린 평가 결과가 보상과 잘 연결되도록 수많은 회의와 조정, 설득, 방어 자료를 만들었다. 그 과정에서 한 가지 사실이 점점 더 선명해졌다. 우리가 쏟아 부은 시간과 에너지의 대부분은 "과거 숫자를 해석하는 일"에 머물러 있었다는 것이다.

우리가 전통적으로 해오던 성과 관리는 결국 과거 성과를 "기록 Record"하는 작업이었다. 조직은 앞으로 나아가야 했지만, 성과 시스템이 끊임없이 뒤를 돌아보는 관성에 갇혀 있었기에 미래 성과를 "창조 Create"하는 행동 설계로는 잘 이어지지 않았다.

AI 시대, 성과의 변수들이 바뀌었다

AI 시대에 들어서며 조직 성공의 변수는 완전히 재구성되었다. 성과를 설명하는 기준은 더 이상 재무 숫자의 좁은 영역에 머물지 않는다.

이제는,

- AI 기반 실시간 데이터,

- 팀의 몰입과 심리적 상태,

- 직원 경험EX,

- 조직문화와 리더십 행동,

- 윤리와 책임Trust & Ethics

이 **모든 요소가 함께** 성과를 만들어내는 결정 변수로 작동한다. 재무제표 하나로는 조직의 진짜 건강 상태를 설명할 수 없는 시대가 된 것이다.

AI 시대 조직 성공을 좌우하는 새로운 변수들

1) 직원 경험EX의 전략적 확대

몰입과 성장이 곧 성과의 "입력값"이 되었다 구성원의 경험은 더 이상 복지 차원의 부가 요소가 아니다. 이제 직원 경험EX은 매출, 생산성, 혁신을 견인하는 **전략적 투자 영역**이다.

즉, 구성원이 느끼는 몰입Engagement과 성장 경험Growth Experience은 성과의 선행 지표Leading Indicator이자 가장 강력한 입력Input이 된다. 적응적 성과Adaptive Performance는 이런 몰입과 성장 경험의 토양 위에서

만 피어난다. 성과는 관리의 결과가 아니라, 경험이 축적된 조직 환경이 만들어내는 자연스러운 산물이다.

2) 문화적 책임의 강화

ESG, 다양성Diversity, 포용성Inclusion 같은 문화적 책임은 이제 "평판 관리용 수사"가 아니라 **성과의 전제 조건**이다.

파타고니아Patagonia는 매출의 일정 비율을 환경 보호에 기부하며 "지구를 위한 비즈니스"를 선언했다. 우아한형제들은 '배민다움'이라는 철학 아래 자율과 책임의 문화를 일관되게 유지하며 젊은 세대에게 높은 신뢰를 얻고 있다.

메타 연구에 따르면, ESG 성과와 재무 성과는 대체로 0 이상 ~ 긍정Positive의 상관관계를 보인다. 조직이 윤리적 책임을 다할수록 고객과 인재 시장으로부터 신뢰 자본Trust Capital을 얻고, 이 자본이 장기적 브랜드 가치와 성과의 안전망이 된다.

AI 시대의 데이터 활용의 윤리, AI 윤리의 중요성이 더욱 커지면서, 문화적 책임은 **성과를 둘러싼 가장 강력한 가드레일**이 된다.

3) 정성 지표의 부상

협력, 신뢰, 심리적 안전감 같은 정성 요소는 숫자로 깔끔하게 떨어지지 않기 때문에 오랫동안 "부수적 변수"로 취급되었다. 그러나 연구와 현장은 이미 말하고 있다. 숫자로 포착되지 않는 이 축이 **지속 가능한 성과의 진짜 토대**이다.

에이미 에드먼슨Amy Edmondson의 연구ASQ, 1999는 "심리적 안전감

→ 학습 행동 → 성과"의 경로를 현장 데이터로 입증했다. 구글의 '프로젝트 아리스토텔레스'는 고성과 팀의 첫 번째 조건으로 **심리적 안전감**을 제시했다.

이러한 조직 성공을 위한 새로운 변수들이 부각되면서 성과 관리에도 새로운 공식이 등장하였다. 아래 세가지 요소의 균형을 요구한다.

- 데이터Data
- 속도Speed
- 사람다움Humaneness

리더는 이제 이 세개의 축을 통합적으로 관리하는 능력을 갖추어야 하고, 이 세 축이 AI 시대의 **새로운 성과 공식**이다.

AI 시대의 성과를 한 문장으로 압축하면 이렇게 말할 수 있다.

$$P = (Data \times Speed) \times Humaneness$$

여기서 중요한 포인트는 두 가지이다.

첫째, 세 요소는 더하기(+)가 아니라 곱하기(×)로 작동한다. 데이터와 속도가 아무리 좋아도 사람다움Humaneness이 0에 가깝다면 전체 성과 P는 무너진다.

둘째, 리더는 이 세 축을 "관리자"처럼 다루는 사람이 아니라 "균형을 설계하고 의미를 해석하는 지휘자"가 되어야 한다.

- Data는 관측과 통찰의 축,
- Speed는 실행 리듬의 축,
- Humaneness는 신뢰·공정·성장 환경의 축이다.

이 셋이 함께 맞물릴 때 비로소 **AI 시대의 성과 엔진**이 돌아간다.

1) 데이터_{Data}: 관측에서 통찰로, 통찰에서 행동으로

AI를 도입한 기업들은 직관이나 경험에만 기대던 시절에서 벗어나 실시간 데이터 기반 의사결정이 가능해졌다.

AI는, 시장 트렌드, 고객 행동, 내부 프로세스 효율성 등을 실시간으로 관측하고 축적한다.

그러나 여기서 끝나면 아무 일도 일어나지 않는다. 성과의 핵심은 데이터를 "얼마나 많이 모았는가"가 아니라, **그 데이터를 어떻게 해석해 행동으로 연결 했는가**이다. 리더는 데이터를 과거를 읽는 도구가 아니라, 미래 변화를 일으키는 언어로 사용할 줄 알아야 한다.

2) 속도_{Speed}: 의사결정의 리듬_{Decision Cadence}을 설계하라

변화하는 시장과 기술 변화에 민첩하게 대응하는 신속한 실행 능력, 즉 속도는 중요한 경쟁력이다. 하지만 오해하면 안된다. 여기서 속도는 "무조건 빨리"가 아니라, '빠르게 시도하되, 부서지지 않게 복구하며 배우는 능력'이다. 곧 짧은 **실험—피드백—복구 루프**를 설계하여 결정 지연Decision Latency을 줄이고, 적응적 성과를 만들어 내는 힘이다.

여기서도 핵심은 개인이 아니다. "빠른 사람 몇 명"으로 조직을 끌고 가는 구조가 아니라, 조직의 운영 리듬Operating/Decision Cadence을 제도적으로 설계하는 것이다. 올바른 속도는 개인의 능력에서 나오는 것이 아니라, 제도화된 박자에서 비롯된다. 리더는 연—분기—월—주—일의 리듬을 정하고, 그 리듬을 따라 조직을 운영해야 한다. 회의를 과거를 보고하는 보고회가 아니라, 미래를 설계하는 의사결정 회의로 전환해야 한다.

3) 사람다움Humaneness: 신뢰·공정·의미·성장의 인프라

사람다움은 "좋은 말, 좋은 분위기"가 아니다. 성과의 지속성을 지탱하는 인프라이다. 사람다움의 핵심 요소는 신뢰Trust, 공정Fairness, 의미Meaning, 성장 지원Growth의 네가지를 축으로 구축된다.

조직 운영에서 이 네 개의 축이 구축되어 실행될 때, 사람들은 안전하게 문제를 제기하고, 실패를 학습으로 전환하고, 스스로 성장의 속도를 높인다. 신뢰는 구성원이 리더의 결정과 방향을 믿고 따르게 하며, 공정은 구성원의 에너지를 한방향으로 모으며, 의미와 성장지원은 구성원 스스로 잠재력을 발휘하도록 돕는 것이다.

성과를 결정짓는 진짜 힘은 따로 있다.
리더십이 곧 성과의 품질 상수다

아무리 정교하게 설계된 시스템이라도 결국 그것을 움직이는 것은
사람의 손과 마음이다. 현장에서 필자 리더십이 성과의 '가중치Weight'
이자 '증폭기Amplifier'라는 사실을 수없이 확인했다.

앞에서 우리는 AI 시대의 성과 공식을 P = (Data × Speed) × Humaneness 로 정리했다. 이 세 요소의 결합이 조직의 "기본 체력"을 만든다면, 리더십은 이 체력을 **결과로 폭발시키는 최종 품질** 상수다.

성과의 품질 = (데이터 × 속도 × 사람다움) × 리더십 품질

이 공식을 곱셈 구조로 두는 이유는 분명하다. 리더십은 "더하면 좋은 옵션"이 아니라, 세 축 전체에 영향을 미치는 **곱셈 상수**이기 때문이다. **리더에 따라 성과의 차원 자체가 달라지는 장면**을 반복해서 보아 왔다. 현실의 조직에서는 사내 게시판에 붙은 공식 정책이나 멋진 비전 문구보다, 회의실에서 리더가 던진 한두 문장에 팀이 더 빠르고 더 민감하게 반응한다. 어떤 제도보다 **리더의 반복행동**에 반응한다. 그리고 그 행동이 곧 조직 문화의 기본값을 만든다.

내가 30년 현장에서 배운 성과 공식은 아주 단순하다.

"결국 성과의 최종 결과를 결정짓는 것은 제도가 아니라 **리더십의 품질**이다."

리더십 품질은 작은 변화에서 시작된다

제도는 조직의 방향을 정한다. 그러나 실제 성과를 움직이는 것은 언제나 **리더의 반복 행동**이다. 독자라면 이미 이런 경험을 해 봤을 것이다.

회의에서 리더가 처음 던진 한 문장, 그날 회의의 첫 질문이 팀의 하루를, 때로는 몇 주의 우선순위를 완전히 바꿔 놓는다.

성과는 결국 구성원의 **하루하루의 선택이 쌓인 결과**이다. 따라서 "리더가 어떤 질문으로 하루를 시작하는가"가 성과의 방향을 결정짓는 출발점이 된다.

강한 공지 하나보다 매주 반복되는 작은 질문이 팀의 기본값을 바꾼다.

만약, 월요일 아침 회의에서 리더가 "왜 못 했지?"를 묻는 팀과 "이번 주에 **무엇을 멈추고**Stop, **무엇을 계속하며**Continue, **무엇을 새로 시작할까**Start?"를 묻는 팀은 4주만 지나도 완전히 다른 팀이 된다.

실제로 필자는 코칭 현장에서 "왜 못 했지?" 대신 "무엇을 멈추고, 무엇을 해볼까?"로 시작한 팀이 4주 안에 **실험·회고 비율이 눈에 띄게 상승하는 장면**을 수없이 목격했다.

변화는 제도가 아니라 **리더의 언어와 질문에서 먼저 시작**된다.

리더십 품질을 높이는 행동 원칙

리더십 품질은 추상적인 성격이 아니다. **일관되게 반복되는 행동 원칙**으로 구체화된다. 리더는 다음 다섯 가지 행동을 통해 조직의 성과 공식을 실제로 돌아가게 만들어야 한다.

명확성Clarity – 통찰을 담은 내러티브 공유

리더는 'Why / What / How'를 한 문단 내러티브로 정리해 팀과 공유해야 한다.OKR, 아마존의 PR/FAQ 방식과 유사하다.

- 왜 이 목표인가? 왜 지금 이것을 해야 하는가?
- 그럼 무엇부터 해야 하는가?
- 우리가 어떻게 접근할 것인가?

명확한 내러티브는 팀의 집중도를 높이고 불필요한 논쟁을 줄이는 '정렬의 칼'과 같다.

질문 대화 – 가설과 근거에 집중하는 질문

리더는 "무엇을 하라"보다 "어떻게 더 잘 배울 수 있을까"를 묻는 **코칭형 질문**을 던져야 한다.

- "지금 우리가 마주한 결과는 무엇인가?"
- "지금 이결과의 근거는 무엇인가?"
- "더 나은 결과를 위한 다음 실험은 무엇이어야 하는가?"

이런 질문은 팀이 데이터Data와 속도Speed의 축을 따라 학습하고 적응하도록 돕는다.

건강한 갈등의 설계 – 논쟁을 혁신의 촉매로 활용

의견 충돌은 피해야 할 위험이 아니라 **설계해야 할 자산**이다. 리더는 다음을 설계해야 한다. 논쟁이 "사람"이 아니라 **사실과 아이디어를** 중심으로 흘러가도록 하는 회의 규칙, 서로 다른 관점이 부딪힐 때 더 좋은 결론에 도달할 수 있다는 성공 경험이 중요하다.

구글의 프로젝트 아리스토텔레스는 신뢰와 심리적 안전감이 전제될 때 갈등이 **혁신의 촉매**가 된다는 것을 보여주었다. 아마존의 Disagree & Commit 원칙은 토론 단계에서는 격렬히 반대하되, 결정 이후에는 전원이 하나로 실행하는 문화를 제도화했다.

네이버 등의 수평 토론 문화 도입 사례는 갈등을 억누르지 않고 아이디어를 발전시키는 회의 문화를 실제로 구현하고 있다.

리더에게 던지는 질문

- 나의 리더십 품질(일관성, 공감, 용기 있는 대화 능력 등)은 지금 우리 팀의 성과 공식에 1보다 작은 '마이너스 상수'로 작용하고 있지는 않은가?
- 구성원이 실패를 두려워하지 않고, 창의적인 의견을 제시할 수 있는 '심리적 안전 영역'을 만들기 위해, 리더인 나는 어떤 **취약성 노출**이나 **선행 행동**을 먼저 감수해야 하는가?

리더 실천 포인트

- "나는 숫자를 관리하는 관리자가 아니라, **리더십으로 성과를 설계하는 사람이다**"라는 나만의 성과 철학을 한 문장으로 선언하고, 중요한 의사결정마다 이 철학과의 정렬 여부를 팀 앞에서 설명한다.

성과는 결국 리더의 철학에서 완성된다

AI 시대, 성과의 공식은 더 이상 숫자와 알고리즘만으로 설명되지 않는다. 데이터와 기술이 아무리 정교해져도 그것은 여전히 **수단**이다. 진짜 성과를 결정짓는 것은 리더의 **철학, 태도, 사람을 대하는 방식**이다.

예측은 갈수록 어려워지고, 성과의 주기는 짧아지고 있다. AI는 이전보다 훨씬 빠르게 문제를 분석하지만, "무엇이 옳은가, 왜 이 방향이 맞는가"를 마지막에 결정하는 것은 여전히 인간이다.

그래서 리더십의 본질은 기술이 아니라 **해석과 의미 부여의 능력**, 즉 **리더의 철학**으로 이동하고 있다.

성과의 정의가 달라졌다. 숫자와 등급으로 완결되었던 과거의 성과 공식을 이제는 이렇게 정의할 수 있다.

지속 가능한 성과 = (데이터 Data **× 속도**Speed **×**
사람다움Humaneness**) × 리더십 품질**Leadership Quality

네 요소는 덧셈이 아니라 **곱셈**이다. 어느 한 요소라도 0에 가까워지면 전체 성과는 무너진다. 데이터가 있어도 리더십이 약하면 방향은 흔들린다. 속도가 빨라도 사람다움이 없으면 성과는 지속되지 않는다. AI가 가져온 가장 큰 변화는 "평가 방식"이 아니다. **"학습 방식"이 달라진 것이다.** 성과를 **측정하던 시대**에서, 성과를 **설계하고 학습하는 시대**로 이동했다.

리더는 결과를 기다리는 평가자가 아니라, 성과 생태계를 설계하는 오케스트레이터Orchestrator로 진화해야 한다. 성과를 만들어내는 것은 시스템이 아니라, **사람의 동기와 관계의 에너지**이기 때문이다.

리더십은 결국 "조직이 믿는 세상"을 설계하는 힘이다. 리더가 "성과는 숫자다"라고 믿으면 사람은 수단이 되고, 리더가 "성과는 사람이다"라고 믿으면 숫자는 자연스럽게 따라온다.

이 단순한 믿음의 차이가 조직의 운명을 바꾼다. 숫자를 관리하는 리더는 결과를 얻고, 문화를 설계하는 리더는 미래를 얻는다.

AI와 데이터가 모든 것을 대체할 것처럼 보이는 시대일수록, 진정한 차이는

- 사람다움의 깊이,
- 리더의 철학의 깊이에서 갈린다.

조직이 위기를 맞았을 때, 데이터를 해석하는 것은 시스템이 아니라 **리더**다. 리더의 한마디, 피드백 한 줄, 회의에서의 표정 하나가 구성원의 몰입을 바꾸고, 결국 조직의 방향을 바꾼다. 이 시대의 성과는 성과 관리 시스템의 산물이 아니라, **리더십 문화의 산물**이다.

결론적으로 AI 시대 성과를 이렇게 정리할 수 있다.

지속 가능한 성과 = (데이터 × 속도 × 사람다움) × 리더십 품질

여기서 리더십이 상수가 아니라 불안정한 변수로 흔들리면 모든 결과는 함께 무너진다. 리더의 품질이 조직의 한계를 결정하고, 리더의 철학이 조직의 상상력을 결정한다. 성과란 숫자의 합이 아니라, 리더가 만들어낸 **신뢰의 총합**이다.

결국, 조직의 성과는 리더가 어떤 미래를 바라보며, 어떤 문화를 선택하느냐에 따라 달라진다. 리더가 믿는 만큼, 조직은 성장한다.

"AI가 성과를 계산하는 시대, 리더는 성과에 의미를 부여하는 사람이다."

AI×데이터×직관: 최고의 의사결정을 만드는 임원의 기술

이근갑

AI 시대, 임원 역할은 '결정자'가 아니라
'의사결정 설계자'다

라떼와 꼰대 사이에 선 임원들

"경험은 무시할 수가 없어. 옛날에는 말이야…, 과거 경험에 의하면…, 내 감感에는….", "데이터도 의미는 있겠지만, 조직 성과는 역시 짬밥에서 나와."

한때 회의실에서 자연스럽게 오가던 문장이다. 경험은 곧 권위였고, 감感은 곧 통찰이었다. 매출과 이익이 오르는 동안, 누구도 이 말에 이의를 제기하지 않았다.

하지만 지금, 같은 말을 꺼내는 순간 "라떼", "꼰대"라는 말이 따라 붙는다. 문제는 단지 세대 차이가 아니다. **데이터와 AI를 기본 언어로 쓰는 세대와, 경험과 감에 익숙한 세대가 같은 회의실에 앉아 있다는 사실**이다.

회의가 끝나자마자 AI로 회의록을 요약해 즉시 공유하겠다는 직원

앞에서, 예전처럼 녹음 파일을 다시 재생해 수시간 동안 정리하던 시절이 문득 스쳐 지나간다. 빅데이터, 로봇, AI라는 단어는 귀에 익었지만, 실제로 만져보고 써보는 일은 미뤄둔 채, 여전히 "어제와 같은 오늘, 오늘과 같은 내일"을 보내고 있는 임원들도 적지 않다.

"바쁘다, 시간이 없다"는 말을 이유로 변화와 마주하길 피하고, 지난 시절의 성공을 반복해서 이야기하며 지금의 자리를 지키고 싶어 한다. "평생을 일했으니까", "이 회사 성장에 기여했으니까" 어느 정도 대접받는 것이 당연하다고 여기는 마음도 있다. 연공과 온정이 통하던 시절에는 가능한 계산이었다.

그러나 지금은 상황이 다르다. 환경은 너무나 빠르게 변하고, 시장과 기술, 조직이 동시에 임원의 변화를 요구하고 있다. **임원으로 계속 일하고 싶다면, 이제는 '짬밥'을 증명하는 것이 아니라, '전환'을 증명해야 하는 시대**가 되었다. 아날로그에 머무르던 자신을 냉정히 돌아보고, 디지털·AI 세대로 스스로 옮겨 가겠다는 결심이 필요하다.

임원은 누구인가, 무엇을 책임지는 사람인가, 새삼스럽지만, 질문은 여기서 다시 시작된다.

"임원은 누구이며, 무엇을 책임지는 사람인가?"

필자는 오래전부터 '임원任員'을 '임시직원臨時職員'의 줄임말인 '임원臨員'이라고 자칭해 왔다. 언제든 교체될 수 있는 자리, 그래서 누구보다 더 열심히, 더 헌신적으로 일해야 하는 자리라는 의미다. 등기·비등기, 집행 임원을 막론하고, 임원은 임원이다. 한때는 '오너보다 더 오너 같은' 주인의식을 가지고 낮과 밤을 가리지 않고 회사와 일을 붙잡고 사는 것이 미덕이었다.

물론, 일을 많이 할수록 책임과 의무는 기하급수적으로 늘어난다. 권한보다 몇 배 더 많은 책임을 감당해야 하는 자리, 그것이 임원이다. 그래서 임원은 '임시직원'이면서도 '오너'여야 하고, 동시에 '천하장사'여야 했다.

그래서 과거의 임원에게 요구되던 역량은 대체로 다음과 같았다.

- 전략적 사고와 비전 제시
- 솔선수범 리더십과 책임감
- 전문성, 실행력과 문제 해결 능력
- 공정성, 윤리성, 신뢰
- 주인의식과 조직관리 능력

즉, **비전을 제시하는 전략가, 사람을 이끄는 리더, 성과를 만드는 실행가, 윤리를 지키는 관리자**가 임원상으로 요구되었다. 통찰, 책임, 능력, 헌신, 신뢰로 무장된 리더, 바른 품성과 책임 있는 인격으로 조직과 사회를 이끄는 존재. 이것이 우리가 알고 있던 '임원'의 그림이다.

그러나 이제 이 모든 역량 위에 또 하나가 더 얹혀야 한다. "AI 시대의 의사결정 설계 능력"이다.

AI 시대, 임원에게 새로 요구되는 것

AI 시대의 임원은 더 이상 "열심히 하는 사람"만으로는 부족하다. **데이터와 AI를 이해하고, 그것을 경험과 직관과 결합해서 '어떻게 결정**

할 것인가'를 설계하는 사람이어야 한다. 이제 임원은 스스로에게 다음 질문을 던져야 한다.

- AI에 대해 어떤 관점을 가지고 있는가?
- 중요한 의사결정은 어떤 기준과 흐름으로 이루어지고 있는가?
- AI·데이터·경험·직관을 어떻게 협력시켜 더 나은 성과로 연결할 것인가?

과거에는 한 사람의 임원이 혼자서 결단을 내리는 구조가 많았다. 지금은 임원회의와 각종 거버넌스를 거치며 집단적 의사결정을 하는 방식도 늘어났다. 그러나 형식만 바뀌었을 뿐, **의사결정의 기준과 흐름이 달라지지 않았다면, 그것은 여전히 과거 방식의 연장선**일 뿐이다.

의사결정의 기준 역시 바뀌어야 한다. 과거에는 외형과 이익이 중심이었다면, 이제는 다음을 함께 고려해야 한다.

- 기업의 철학과 가치
- 미션과 비전
- 사회적 책임과 ESG
- 데이터와 AI 활용의 윤리성
- 이해관계자와 사회 전체에 미치는 파급 효과

SNS 시대의 평판은 한 번의 잘못된 판단으로도 무너질 수 있다. 잘못된 소식이 퍼지는 속도는 상상을 초월하고, 한 번 잃어버린 신뢰를 회복하는 일은 극도로 어렵다. 그래서 **의사결정의 출발점부터 달라져야**

한다. 이제 질문은 이렇게 바뀐다.

"무엇을 결정할 것인가?"에서

"어떤 철학으로, 어떤 기준과 구조로 결정할 것인가?"로.

이 지점에서, 임원은 더 이상 단순한 '결정자Decision Maker'가 아니라 '의사결정 설계자Decision Architect'가 되어야 하는 것이다.

상황별 임원 역할: 평상시·위기 시·AI시대

그렇다면, 구체적으로 임원은 어떤 역할을 수행해야 할까? 평상시, 위기 시, AI 시대라는 세 가지 상황에서 임원의 역할을 정리해 보자.

1) 평상시: 비전과 운영을 겸하는 종합 관리자

평상시 임원의 역할은 다음과 같이 정리할 수 있다.

- **방향 제시자**Vision Setter
  - 비전과 중장기 전략을 수립한다.
  - 변화와 혁신을 주도하며, 조직의 핵심 가치와 기준을 정립·전파한다.
- **의사결정자**Decision Maker
  - 중요 사안을 판단하고 균형 있게 선택한다.
  - 의사결정과 그 결과에 대한 책임을 함께 진다.
- **조직관리자**Organization Manager
  - 성과를 관리하고, 부서 운영과 인재 육성의 기준을 세운다.
  - 부서 간 협업을 촉진해 조직 전체의 시너지를 만든다.

- **대외 대표자**External Representative

  ° 고객, 투자자, 파트너 등 외부 이해관계자와의 관계를 관리한다.

  ° ESG 실행과 사회적 책임을 통해 지속 가능성을 확보한다.

- **위기관리 책임자**Crisis Manager

  ° 리스크를 사전에 진단·관리하는 체계를 설계한다.

  ° 발생 가능한 위기에 대비한 대응 시나리오를 준비한다.

한 줄로 요약하면, 평상시의 임원은 "비전을 제시하는 리더, 중요한 결정을 내리는 책임자, 조직을 관리하는 운영자, 회사를 대표하는 창구, 위기를 대비하는 해결사"이다.

2) 위기 시: 진단·속도·신뢰 회복을 이끄는 내비게이터

위기 상황에서 임원에게 요구되는 역할은 더 입체적이다.

- **위기 진단자**Crisis Diagnoser

  ° 위기의 본질과 원인을 정확히 파악한다.

  ° 데이터와 팩트 기반으로 조기 경보 체계를 가동한다.

- **방향 제시자**Visionary Leader

  ° 위기 이후의 미래상, 재도약의 그림을 제시한다.

  ° 우선순위를 분명히 정해, 불확실성 속에서도 조직이 붙잡을 목표를 제공한다.

- **실행 촉진자**Executor

  ° 계획을 빠르게 실행하고, 현장 중심의 경영을 강화한다.

◦ 가시적인 성과를 만들어 조직의 사기를 끌어올린다.

• **소통자**Communicator

◦ 내부 구성원의 불안을 최소화하는 투명한 소통을 한다.

◦ 외부 이해관계자에게 진정성 있는 메시지로 신뢰를 회복한다.

• **심리적 안정자**Stabilizer

◦ 조직 내 심리적 안전감을 조성한다.

◦ 희생과 솔선수범, 고통 분담으로 조직의 동력을 지켜낸다.

위기 시의 임원은 "진단자 → 방향 제시자 → 실행자 → 소통자 → 안정자"의 5중 역할을 수행하는 내비게이터이자, 희망의 불씨이다.

3) AI 시대: 디지털·인간·윤리·혁신·글로벌을 잇는 설계자

AI 시대에 임원에게 요구되는 역할은 다음과 같이 정리할 수 있다.

• **디지털 전략가**Digital Strategist

◦ 데이터 리터러시와 AI의 기본 원리를 이해한다.

◦ AI와 데이터의 속성을 파악하고, 이를 활용한 의사결정 협력 구조를 설계한다.

◦ 업무 프로세스, 고객 경험, 공급망 등 전 영역의 디지털 전환을 추진한다.

◦ 기술과 비즈니스를 연결하는 다리 역할을 한다.

• **인간 중심 리더**Human-Centered Leader

◦ 사람 중심의 가치를 지향한다.

◦ 재교육·재배치를 통해 인재가 AI 시대에 재도약할 수 있도록 돕는다.

- ◦ "AI가 사람을 대체하는 것이 아니라, 돕는다"는 확신을 구성원에게 심어준다.
  - ◦ 심리적 안전감을 제공하며, 인간적 통찰의 최종 보루가 된다.
- **윤리적 관리인**Ethical Guardian
  - ◦ AI 활용에 대한 윤리 기준을 정립한다.
  - ◦ 기계의 실수 속에서도 최종 책임은 사람이 진다는 원칙 아래, 책임 경영을 실천한다.
  - ◦ 투명한 소통을 통해 데이터·AI 활용에 대한 신뢰를 구축한다.
- **창의와 혁신 촉진자**Innovation Enabler
  - ◦ AI를 활용해 새로운 비즈니스 모델을 발굴한다.
  - ◦ 실험과 학습 문화를 조성해 실패를 학습의 자산으로 전환한다.
  - ◦ AI와 사람의 협업을 극대화한다.
- **글로벌 소통자**Global Communicator
  - ◦ AI 관련 글로벌 규범과 법규를 이해하고 준수한다.
  - ◦ 다양한 문화와 시장을 연결하며 글로벌 파트너십을 확장한다.

AI 시대의 임원은 **"무엇을 할 수 있는가?"**보다 **"무엇을 해야 하는가?"를 먼저 묻는 사람**이다. 기술을 이해하는 전략가, 사람을 지키는 리더, 윤리를 지키는 관리자, 혁신을 여는 창조자여야 한다. AI가 'How'를 담당한다면, 임원은 여전히 **'Why'와 'What', 'Where to'를 책임지는 존재**이다.

4) 의사결정 설계자로서 임원이 고민해야 할 것들

이제 임원 역할의 키워드는 다음과 같이 정리할 수 있다.

- 평상시: 비전 제시와 운영 관리
- 위기 시: 진단·속도·신뢰 회복
- AI 시대: 디지털 전략·인간 중심·윤리적 책임·혁신 촉진

상황에 따라 역할의 무게 중심은 달라질 수 있지만, **비전, 책임, 사람 중심 리더십**은 변하지 않는 공통 축이다.

이제는 논점을 달리하여 데이터와 AI의 중요성과 한계, 경험·직관 중심 의사결정의 필요성과 위험, 윤리와 책임을 포함한 새로운 하이브리드 의사결정, 임원의 AI 활용 방안을 통해, **"AI × 데이터 × 직관을 결합한 의사결정 설계자"**로서 임원의 새로운 역할을 구체적으로 살펴보고자 한다.

데이터 없는 결정,
한 번은 통할 수 있어도 두 번은 통하지 않는다

1) 데이터가 새로운 '감感'이 되는 시대

오늘날의 경영 환경은 불확실성과 복잡성이 더욱 심해지고, 경쟁은 치열해지고 있다. 과거에는 리더의 직관과 경험만으로도 어느 정도 성과를 낼 수 있었다. 그러나 지금은 **데이터와 AI가 제공하는 객관적 분석 없이 의사결정의 정확성을 담보하기가 어렵다.**

이 장의 제목인 'AI×데이터×직관: 최고의 의사결정을 만드는 임원의 기술'은 단순한 수사가 아니다. 이제 의사결정은 데이터와 AI 기반의 객관적 분석과 인간의 직관이 균형을 이루는 **하이브리드**Hybrid **구조**로 옮겨가고 있다.

그동안 '경험과 직관'은 리더의 생존 이유이자 강력한 자산이었다. 그러나 시장 변동성이 커지고 의사결정 속도가 점점 더 빨라질수록, **직관만으로는 성과를 설계하기 어려운 시대**가 되었다. AI는 데이터를 해석하고 패턴을 찾아 여러 선택지를 제시한다. 그 순간 리더는 이 선택지들에 **맥락과 목적, 가치 판단**을 부여해야 한다.

이 글의 핵심 메시지는 명확하다. "직관과 경험을 버려라"가 아니라, "데이터를 통해 직관을 검증하고 확장하라"는 것이다. 데이터는 이제 의사결정의 보조 수단이 아니라, **임원의 새로운 '감**感**'이 되어야 한다.**

2) 직관·경험 중심 의사결정의 리스크

직관과 경험은 리더가 빠르게 결정을 내릴 수 있도록 돕는 강력한 도구다. 위기 상황에서, 정보가 부족한 상황에서, 누군가 책임을 지고 결단해야 하는 순간에 직관은 여전히 의미가 있다.

하지만 동시에, 직관과 경험 중심 의사결정은 다음과 같은 위험을 내포한다.

- 현재 시장의 데이터나 변화된 환경을 충분히 반영하지 못할 위험
- 편향bias과 잡음noise에 휘둘릴 위험

대표적인 편향은 다음과 같다.

- **확증 편향**Confirmation Bias
  자신의 기존 신념이나 의견을 강화하는 정보만 선택적으로 수용하는 경향
  "내가 해봐서 안다"는 확신으로 데이터나 반대 의견을 무시하는 경우가 여기에 해당한다.

- **앵커링/최근성 편향**Anchoring Effect

  처음 접한 정보나 가장 최근의 사건에 과도하게 의존해 판단하는 현상
  특정 숫자, 특정 사례가 기준점앵커이 되어 전체 판단을 왜곡한다.
- **대표성 편향**Representativeness Bias

  일부 특징이나 권위자의 의견에 기댄 채 전체를 일반화하는 오류
  "그 분야의 유명한 사람이 이렇게 말했다"는 이유만으로 판단을 굳혀버
  리는 경우다.

또한, 같은 정보를 보고도 **당시의 기분, 환경, 압박 수준에 따라 결**론이 달라지는 '잡음'의 문제도 있다. 이런 요인들은 중요한 결정을 쉽게 왜곡시킨다. 직관과 경험에 의존한 결정은 재현성이 낮고, 조직 차원의 학습과 시스템화가 어렵고, 리스크에 대한 체감이 왜곡되기 쉽다. 그래서 **의견 다양성이 줄어들고, AI 시대에 요구되는 예측 정확도와는 점점 더 멀어지게 된다.**

2008년 글로벌 금융위기 당시, 많은 리더는 데이터보다는 '시장에 대한 감感'에 의존했다. 그 결과는 우리가 알고 있는 그대로다. 막대한 손실과 금융 시스템 전체의 신뢰 붕괴. 이는 직관 중심 의사결정이 얼마나 치명적인 한계를 가질 수 있는지를 보여주는 대표적 사례다.

외식업에서도 비슷한 장면을 자주 볼 수 있다. 충분한 고객 데이터나 트렌드 분석 없이, 오너의 "감"만으로 신메뉴를 결정했을 때, 실제 소비자 반응과 어긋나 실패하는 경우가 많다. 특히, **20대를 타깃으로 한 상품을 70대 오너의 감으로 결정한다면, 그 결과는 충분히 예상 가능할 것이다.**

3) 데이터·AI 중심 의사결정의 장점

그렇다면 '데이터와 AI는 무엇을 다르게 만들어 주는가?' 데이터는 감정이 아니라 사실을 기반으로 판단하게 한다. AI는 방대한 데이터를 빠르게 분석해서, 인간이 놓치기 쉬운 패턴을 찾아낸다. 데이터·AI 중심 의사결정의 장점은 크게 세 가지로 정리할 수 있다.

- 재현성
  - "같은 입력에 같은 출력"이 나오도록 판단 기준을 표준화할 수 있다.
  - 사람의 기분이나 상황에 덜 흔들리는 결정을 가능하게 한다.
- 속도
  - 대규모 데이터를 실시간으로 처리해 의사결정 리드타임을 줄인다.
  - 더 짧은 시간 안에 더 나은 선택지를 검토할 수 있게 만든다.
- 학습성
  - 피드백 루프Feedback Loop를 통해 "결정 → 실행 → 결과 → 분석 → 개선"의 순환 구조를 만들 수 있다.
  - 시간이 지날수록 의사결정 품질이 좋아지는 '학습형 시스템'으로 진화할 수 있다.

금융권에서는 이미 AI를 활용해 신용평가, 이상 거래 탐지, 채무불이행 예측 등에서 큰 효과를 보고 있다. 일부 외식 프랜차이즈 본사에서는 고객 주문 패턴, 날씨, 시간대, 지역 행사 데이터 등을 결합해 매출 예측 모델을 운영함으로써 원재료 재고관리와 인력 배치를 최적화하고 있다.

데이터와 AI는 더 이상 리더의 '보조 도구'에 머물지 않는다. 이제는 의사결정을 함께 설계하는 '공동 설계자Co-Architect'의 위치로 올라오고 있다. 하지만 여기에서도 중요한 전제가 있다.

데이터와 AI도 완전하지 않다는 점이다.

- 데이터는 현실을 반영하지만, 언제나 불완전하다.
- 알고리즘에는 설계자의 편향이 녹아 있을 수 있다.
- 해석 과정에서도 새로운 오류가 발생할 수 있다.

그래서 데이터와 AI만으로는 충분하지 않다. **AI가 만들어낸 '통찰' 위에 인간의 '맥락 해석과 윤리적 판단'이 결합될 때 비로소 좋은 결정이 완성된다.** 즉, AI 시대의 리더십에는 직관감과 데이터사실를 결합한 '하이브리드 의사결정 패러다임'이 필요한 것이다.

4) 의사결정 패러다임 비교: 직관 vs 데이터 vs 하이브리드

의사결정 패러다임을 구분하면, '직관 중심, 데이터·AI 중심, 하이브리드 방식으로 구분할 수 있다. 직관 중심은 개인의 경험과 통찰에 의존하는 반면, 데이터·AI 중심은 분석과 알고리즘에 기반한다. 하이브리드 방식은 두 패러다임을 결합하여 상황에 따라 유연한 판단을 가능하게 한다.

구분	직관·경험 중심	데이터·AI 중심	하이브리드(권장)
근거	개인 경험, 통찰, 감(感)	데이터, 모델, 알고리즘 분석	데이터 기반 판단 + 인간의 통찰 결합
속성	빠르지만 변동이 큼	재현성·추적성 높음, 속도+품질 균형	상황에 따라 조정 가능한 유연성
장점	빠른 판단, 위기 대응력, 리더십 발휘 용이	객관성·예측 정확도·오류 감소	속도와 정확성의 균형, 리스크 관리 용이
단점	감정·편향 개입, 근거 부족, 재현성 낮음	데이터 의존 과도, 인간적 감수성 부족, 유연성 저하	시스템 복잡, 의사소통·역량 요구 수준 증가
주요 리스크	편향, 잡음	데이터 품질·해석 오류, 거버넌스 미비	판단 혼선, 의사결정 비용 증가
적합 상황	시간 제약이 크거나 정보가 매우 부족할 때	데이터가 충분하고 패턴이 명확할 때	불확실성이 크고 창의적 판단이 필요한 복합 상황일 때
조직 특성	상명하달식, 리더 중심	분석·근거 중심, 합리적	협업·토론 중심, 학습형 조직
임원 역량	통찰력, 경험치, 리더십	분석력, 데이터 해석 능력, '데이터 챔피언'	통합적 사고, 비판적 사고, 협업 커뮤니케이션
임원 역할	결단자, 책임자	시장 예측, 최적화 시스템·의사결정 시스템 구축, 리스크 관리	맥락 설계자(목적·가치 부여), AI 제안 시나리오 조정·보완

이 표에서 보듯, AI 시대에 가장 바람직한 방향은 "데이터·AI 중심"도, "직관 중심"도 아닌, 둘을 결합한 "하이브리드"이다.

5) 데이터·AI 기반 의사결정의 기대 효과

데이터·AI 기반 의사결정은 다음과 같은 효과를 기대할 수 있다.

- **정밀한 예측과 리스크 관리**
  - AI는 복잡한 변수 간 상관관계를 빠르게 탐색해서, 인간이 감지하기 어려운 리스크를 조기에 식별한다.
  - 금융기관의 이상 거래 탐지, 신용위험 분석, 부도 확률 예측 등이 대표적인 예다.
- **의사결정의 속도와 효율 향상**
  - 방대한 데이터를 단시간에 분석해서 의사결정 속도를 혁신적으로 단축한다.
  - 판단의 질을 유지하면서 속도를 높이는 '질적 신속성Agile Precision'을 가능하게 한다.
  - 이는 곧 "시간을 버는 리더십"으로 연결된다.
- **새로운 인사이트의 발견**
  - AI는 기존 데이터 안에서 인간이 미처 보지 못한 패턴과 인과관계를 찾아낸다.
  - 인간의 통찰이 "왜?"를 묻는다면, AI는 "무엇이?", "어디서?"를 찾아준다.
  - 의료 분야의 조기 암 진단, 소비재 산업의 SNS 감성 분석을 통한 선제적 상품·마케팅 전략 조정 등이 그 사례다.

6) 데이터·AI 기반 의사결정의 한계

그러나 데이터·AI 기반 의사결정에도 분명한 한계가 있다.

- 데이터의 불완전성과 편향
  - 데이터는 현실을 반영하지만, 언제나 불완전하다.
  - "Garbage In, Garbage Out"이라는 말처럼, 잘못된 데이터 입력은 그대로 잘못된 결과를 낳는다.
  - 임원은 AI 모델의 결과를 과신해서는 안 되며, 데이터의 품질·대표성·공정성을 지속적으로 점검해야 한다.
  - 결국 데이터가 "무엇을 말하느냐"보다, 사람이 "어떻게 해석하느냐"가 더 중요하다.
- 윤리·법적 책임의 회색지대
  - 많은 AI 모델은 내부 구조가 보이지 않는 '블랙박스'다.
  - "누가 결정했는가?"라는 질문에 책임 주체가 모호해질 수 있다.
  - 그래서 임원은 AI의 판단 결과를 보조적 의견으로 간주해야 하며, 최종 책임은 언제나 인간 리더십이 져야 한다.
- 맥락·감성의 부재
  - AI는 빠르고 정확하게, 통계적으로 최적화된 결정을 내리지만, 인간의 감정, 조직의 역사, 문화적 맥락을 완전히 이해하지는 못한다.
  - 그래서 **계산적 합리성**만 따라가다 보면 관계를 망가뜨리거나 장기 신뢰를 훼손하는 결정을 내릴 위험이 있다.

따라서 AI 시대 의사결정은 **AI의 '계산적 합리성'**과 인간의 **'관계적**

합리성'이 함께 작동하는 구조로 설계되어야 한다.

7) 하이브리드 의사결정의 시대: 엔진과 문지기의 협업

AI와 데이터는 의사결정을 위한 강력한 도구이며, 인간 리더의 시야를 넓혀주는 역할을 한다. 그러나 **최종 판단의 무게는 여전히 인간의 책임 아래** 있다.

AI가 제시하는 여러 선택지 중 "무엇이 옳은가, 무엇이 이 조직의 철학과 맞는가, 무엇이 우리가 책임질 수 있는 결정인가"를 고르는 것은 결국 **인간의 가치관과 통찰**이다.

이를 위해 앞으로의 임원에게 필요한 핵심 역량은 세 가지다.

- 데이터 리터러시Data Literacy
  - 데이터를 읽고, 질문하고, 검증할 수 있는 능력
  - "이 숫자가 어디에서 왔는가?", "무엇이 빠져 있는가?"를 묻는 힘이다.
- 윤리적 감수성Ethical Sensitivity
  - 효율보다 책임을 우선순위에 두는 리더십
  - "이 결정이 누구에게 어떤 영향을 미치는가?"를 묻는 감각이다.
- **통합적 통찰**Integrative Insight
  - 데이터, 현장, 인간의 감정을 하나로 엮어내는 지적 균형 능력
  - 숫자와 사람, 오늘과 내일을 동시에 보는 시야다.

이 세 가지 역량을 바탕으로, **임원은 '하이브리드 의사결정'을 설계**

하는 사람이 된다. 이를 잘 보여 주는 프레임이 바로 '데이터-의사결정 파이프라인Data-Decision Pipeline'이다.

$$\text{Data In} \to \text{Feature/Model} \to \text{Insight} \to$$
$$\text{Decision Gate임원} \to \text{Outcome/Feedback}$$

- AI는 엔진Engine이다.
  - 데이터를 가공하고, 패턴을 분석하며, 가능한 시나리오를 제시한다.
- 사람임원은 문지기Gatekeeper이다.
  - 어떤 통찰을 채택할지, 어떤 전략을 선택할지, 어떤 리스크를 감수할지 결정한다.
  - 의미와 방향을 부여하고, 결과의 책임을 진다.

이 과정에 **피드백 루프**가 연결되면, 조직은 학습형 시스템으로 진화한다. '실행 → 결과 → 데이터 → 모델 업데이트 → 기준 조정', 이 루프를 **짧고 빠르게 돌릴수록**, 기업의 경쟁력은 커진다.

결국, 데이터·AI 기반 의사결정은 본질적으로 "엔진과 문지기의 협업"이다.

AI는 방대한 정보를 처리해 **가능한 선택지**를 보여주지만, 어떤 선택지가 옳은지, 어떤 선택이 우리 조직의 철학과 맞는지를 판단하는 것은 항상 **리더의 몫**이다. 하이브리드 의사결정 프로세스의 성공 조건은 세 가지로 요약된다.

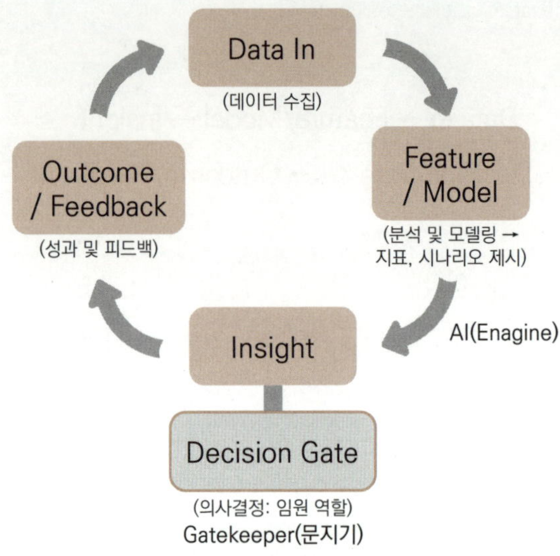

- 데이터의 신뢰성 – 무엇을 넣고 있는가?

- 리더의 통찰력 – 어떻게 해석하고 있는가?

- 기술의 확장성 – 얼마나 빠르게 학습하고 고쳐 나가는가?

AI 시대, **데이터 없는 결정은 한 번은 통할 수 있다.** 하지만 두 번, 세 번 반복해서 조직의 전략과 문화를 설계해 나가려면, 임원은 반드시 **AI×데이터×직관이 만나는 지점**, 즉 **의사결정 설계자로서의 자리**를 스스로 확보해야 한다.

AI와 인간 직관,
함께 써야 실수를 줄이고 기회를 넓힌다

앞에서 우리는 데이터, AI, 직관 각각의 의미를 살펴보았다. 이제 질문은 한 가지로 모아진다.

"어떻게 이 셋을 '함께' 쓸 것인가?"

이는 단순한 도구 사용법이 아니라, **데이터 기반 합리성과 인간의 통찰력을 균형 있게 통합하는 '하이브리드 리더십'의 문제**이다. 핵심 키워드는 세 가지이다.

- 대체Substitute가 아니라, 협력Co-work

- 협력이자 증강Augment

- AI는 '정답 1개'가 아니라 '좋은 선택지 세트Choice Set'를 제시하는 도구

AI가 여러 "괜찮은 정답 후보"를 제시하면, 임원은 그 위에 **목적, 가**

치 기준, 윤리적 판단을 얹어 최종 결정을 내리면 된다. 결국 AI는 결정을 대신하는 존재가 아니라, 더 나은 결정을 가능하게 하는 사고의 확장자이다.

1) 왜 직관·경험·통찰이 여전히 필요한가

① 데이터의 한계를 보완하는 힘

AI의 분석력은 점점 더 정교해지고 있다. 하지만 데이터는 어디까지나 "과거를 반영한 세계"이다. 미래를 완벽하게 예측해 주지는 못한다.

경험은 유사한 패턴 속에서 '보이지 않는 위험'을 감지하게 한다. 통찰은 데이터 밖의 상황을 읽고, **새로운 길을 여는 능력**이다. AI는 과거의 패턴에서 합리적인 답을 도출하지만, 인간의 통찰은 아직 데이터가 존재하지 않는 영역을 향해 질문을 던진다.

코로나19 초기, 많은 외식업 AI 수요 예측 시스템은 이전 데이터를 기반으로 "정상 영업"을 권고했다. 그러나 일부 리더는 **소비자 행동 변화**를 직감하고 배달·포장 중심 비즈니스로 전환해서 위기 속에서도 새로운 기회를 만들었다.

또한, 소비자 조사와 데이터 분석을 기반으로 신메뉴를 출시했지만 예상과 달리 실패하는 경우도 많다. 이때 부족한 것은 "데이터"가 아니라, **새로운 상황을 읽어내는 통찰의 부족**이다.

② 불완전한 데이터 속에서 방향을 잡는 나침반

데이터는 "무엇이 일어나는가What"를 말해준다. 그러나 "왜 그러한

가Why"는 말해주지 않는다. AI는 상관관계를 보여주지만, 인과관계와 가치 판단의 문제는 여전히 사람의 몫이다. 통찰은 데이터가 말하지 않는 "진짜 이유"를 찾아내는 과정이다.

AI는 효율적으로 "최적의 선택"을 계산할 수 있지만, "무엇이 옳은가What is Right"를 선택하는 것은 인간의 책임이다.

예를 들어, 외식업에서 AI는 단기 매출 데이터를 근거로 특정 건강 메뉴를 "비인기 메뉴"로 분류해 철수를 권고했다. 하지만 임원은 **건강식 트렌드 확산과 장기 수요 가능성**을 경험적으로 읽고 해당 메뉴를 유지하기로 결정했다. 결과적으로 그 메뉴는 시간이 지나 베스트셀러로 성장했다.

또 다른 사례에서, AI는 특정 메뉴 매출 감소를 단순히 "계절 요인"으로 해석했다. 그러나 임원은 가맹점주와의 대화에서 물가·건강 우려 등 **소비자 정서 변화**를 포착했고, 이를 반영한 마케팅 재설계로 매출 회복을 이끌어냈다.

여기서 통찰은 단순한 직감이 아니라, **'데이터 + 현장 + 사람의 감정'을 함께 읽는 능력**이다.

③ 위기 상황에서의 즉각적 판단

위기 상황에서 가장 부족한 자원은 **시간**이다. AI가 분석을 완료하기 전에 조직을 지켜야 하는 "첫 번째 결단"은 여전히 리더의 경험과 직관에서 나온다.

한 벤처 스타트업이 갑작스러운 규제 변화에 직면했을 때, 쓸 수 있는 데이터는 거의 없었다. 그러나 CEO는 과거 유사한 위기 경험을 바탕으로 즉시 규제 대응팀을 구성하고, 선제적 대응에 나섰다. 이 빠른 판단이 투자자 신뢰를 지키는 결정적 역할을 했다.

④ 사람과 관계를 읽는 능력

의사결정은 숫자로 끝나지 않는다. 결국 **사람이 움직여야 현실이 바뀐다.** 협상, 동기부여, 갈등 조정, 고객의 미묘한 감정 변화 등은 데이터로 완전히 환원하기 어렵다. 리더의 통찰은 **경험·관찰·공감이 누적된 결과**이다.

한 매장 입지 선정에서 AI는 "데이터상 A지역이 유리하다"고 추천했다. 그러나 임원은 **지역 상인회 네트워크와 관계, 향후 개발 계획** 등을 고려해 B지역을 선택했다. 그 결과, 장기적인 매출 안정성과 지역 내 신뢰를 동시에 확보했다.

⑤ 혁신은 데이터가 아니라 통찰에서 시작된다

AI는 존재하는 데이터를 분석해 "더 나은 답"을 찾는 데 뛰어나다. 그러나 **혁신은, 아직 존재하지 않는 질문을 던지는 순간에 시작**된다. AI는 **분석의 도구**이고, 인간의 통찰은 **혁신의 원천**이다.

스티브 잡스가 아이폰을 설계할 때, 그는 당시 시장 데이터가 아니라 "사람들은 손가락으로, 터치로 세상을 조종하길 원한다"는 **직관적 통찰**에서 출발했다. **AI 시대의 진정한 리더는 "데이터 위에 통찰을 얹는 사람"이다.** 데이터가 '길'을 제시한다면, 통찰은 '방향'을 정한다.

AI가 조직의 두뇌라면, 인간의 통찰은 조직의 가슴이다. 결국 조직을 진짜로 움직이는 것은 숫자가 아니라, **사람의 의미 해석과 결단**이다.

2) 하이브리드 의사결정 방법론: 엔진·직관·조직의 순환 구조

하이브리드 의사결정이란, "데이터가 제시한 가능성 위에 인간의 통찰과 윤리 기준을 결합해 책임 있는 결론을 내리는 과정"을 의미한다.

한 문장으로 요약하면,

"AI는 계산하고, 인간은 해석하고, 조직은 실행한다."

이를 위해 조직의 의사결정 운영체제Operating System를 다음과 같이 재구축해야 한다.

- 데이터 중심: AI가 데이터를 분석해 근거를 제시한다.
- 인간 중심: 리더가 통찰과 윤리로 방향을 조정한다.
- 실행 중심: 조직이 이를 실험·실행·학습의 루프로 전환한다.

하이브리드 의사결정의 기본 프로세스는 네 단계이다.

- 데이터/AI 분석으로 대안 도출
- 리더의 직관과 윤리적 판단으로 보완
- 조직 차원의 실행
- 피드백 루프Feedback Loop를 통한 지속적인 개선

이를 구조화한 개념 프레임이 **'하이브리드 의사결정 트라이어드**Hybrid Decision Triad, HDT**'**이다. HDT는 데이터·AI·인간 판단이 분리되지 않고, 하나의 의사결정 루프로 작동하도록 설계된 통합 프레임이다.

- Human인간, 직관

- Data데이터

- TechnologyAI, 테크놀로지

각 축의 역할은 다음과 같다.

- 데이터: 사실과 맥락의 **경계 조건**boundary conditions 제공

- AI: 대규모 **패턴 탐색과 예측** 수행

- 직관: 윤리, 가치, 관계, 암묵지 등 **최종 필터 역할**

결국 **"직관에 의한 리더십 + 데이터 기반 분석 + AI 기술의 실행력"**
이 동시에 작동할 때, 의사결정은 균형과 깊이를 갖추게 되는 것이다.

3) 하이브리드 의사결정 체크리스트

임원이 실제 의사결정을 할 때, 다음 질문들을 통해 자신을 점검해
볼 수 있다.

- 문제 정의가 데이터로 관측 가능한가? 성공 지표는 명확한가?

- 대표성 있는 데이터를 사용했는가?

- 결함·누락·편향 여부를 검증했는가?

- 모델의 설명 가능성Explainability과 **재현 가능성**은 충분한가?

- 윤리·법규 준수, 공정성 기준임계값을 정의하고 점검했는가?

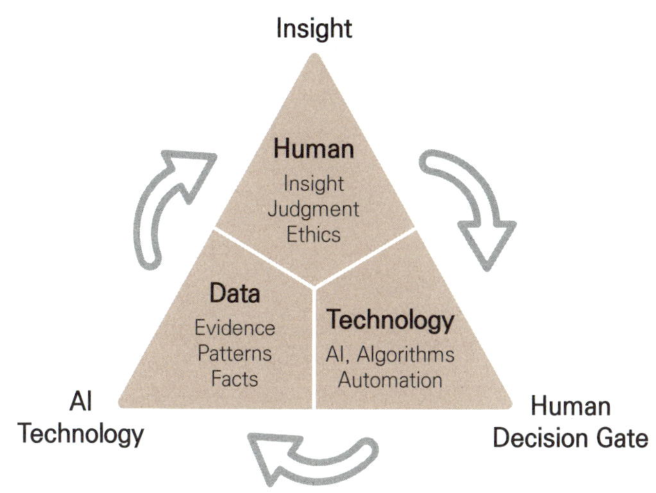

- 파일럿/PoC를 통해 현장 맥락을 검증하고, 이해관계자와 합의를 거쳤는가?

- 재무·운영 측면의 타당성단위 경제성, NPV 등은 확보되었는가?

- 사후 학습을 위한 **실험 설계와 피드백 루프**가 준비되어 있는가?

- 의사결정 과정과 판단 사유가 로그·문서로 남아 감사 가능한가?

4) AI 시대 임원이 갖춰야 할 의사결정 기준

AI 시대 임원의 의사결정 기준은 다음 네 가지로 정리할 수 있다.

기준	설명	예시
데이터 기반성	객관적 데이터와 AI 분석을 필수적으로 고려하고, 빠른 실험 문화를 정착시킨다.	AI가 성장 가능성을 제시하면, 임원은 소규모 PoC로 먼저 검증한 후 대규모 투자 결정. 신메뉴 개발 시 고객 주문 데이터를 기반으로 시범 매장에서 먼저 판매 후 전체 매장으로 확대
윤리적 책임성	윤리적·사회적·환경적 영향을 고려한 선택을 한다.	비용 절감 차원에서 재료 변경을 권고하는 AI 제안이 있어도, 고객 신뢰와 건강을 우선해 기존 재료를 유지하고 장기적 충성 고객을 확보
맥락적 적합성	현장 상황과 산업 특수성을 반영해 결정을 조정한다.	금융 리스크 모델 적용 시 국가별 제도·문화 차이를 반영. 내부 회의는 AI 리포트 + 인간적 토론을 결합한 하이브리드 방식으로 운영
균형적 직관	최종 단계에서 인간의 통찰로 조율하고 검증한다.	AI가 추천한 점포 입지 중, 실제 점주의 경험과 현장 감각에 부합하는 지역을 선택해 장기 안정성을 확보

5) AI 시대 임원의 태도: 의심·결합·윤리·학습

AI 시대 임원이 가져야 할 태도는 다음 네 가지이다.

- "AI의 답을 의심하라"

  AI의 결과를 무조건 수용하지 말고, "왜 이런 결과가 나왔는가?"를 묻는 습관을 가져야 한다.

- "데이터 + 현장 + 직관의 3요소 체크"

  데이터 분석 결과를 현장 맥락과 비교하고, 마지막에 직관적 통찰로 한 번 더 검증한다.

- "윤리 필터를 내재화하라"

  중요한 의사결정마다 "이 선택은 공정한가? 우리가 책임질 수 있는가?"를 자동으로 떠올리는 내적 질문 루틴이 필요하다.

- "학습하는 임원으로 남아라"

  AI·데이터의 기본 개념과 사례를 꾸준히 학습해야 의사결정 품질을 일정 수준 이상으로 유지할 수 있다.

결국 AI 시대의 임원은, **데이터와 AI를 다루는 '지적 역량 + 윤리적 책임성 + 인간적 직관'**을 겸비한 "하이브리드 리더"가 되어야 한다. AI가 계산하는 시대의 리더는 "의사결정을 의미 있게 만드는 사람"이다.

생각하는 리더만이 성과를 다시 디자인할 수 있다

다시 한 번 강조하지만, AI 시대의 임원은 '데이터 챔피언'이자 '맥락 설계자'이다. AI는 '패턴과 선택지'를, 인간은 '목적과 책임'을 제공한다.

직관은 버려야 할 것이 아니라, **데이터로 검증하고 확장해야 할 자산**이다. 그래야 성과는 재현 가능해지고, 속도는 신뢰를 얻는다. AI 시대의 리더는 단순히 데이터를 "보는 사람"이 아니라, **데이터 리터러시를** 갖추고 AI를 **협력적 파트너**로 다루는 사람이어야 한다. 동시에 윤리와 사회적 책임ESG의 중요성이 커질수록, 리더의 직관은 **의사결정의 최종 필터** 역할을 하게 된다.

데이터와 AI가 말해 주지 못하는 인간적 **맥락**은 여전히 리더의 통찰이 필요한 영역이다. 그렇다고 직관만 믿는 리더는 분명한 위험을 내포한다.

데이터 없는 결정은 더 이상 설 자리가 없고, AI와 인간 직관의 균형적 결합이야말로 미래 리더십의 핵심이다. 결국 성과를 다시 디자인하려면, "생각하는 리더"가 되어야 한다. 그리고 AI를 의사결정의 파트너로 인정하고, **함께 쓰는 리더**가 되어야 한다.

임원은 AI를 어떻게 활용해야 하는가

AI 시대 임원 리더십과 경영 혁신의 본질적인 질문은 이것이다. "단순히 AI를 **사용하는 것**을 넘어, 어떻게 AI를 **경영 의사결정·성과관리·인재육성·조직문화**에 결합하고 통합할 것인가?"

이를 위해서는 AI에 대한 인식 전환과 함께, **활용·협력의 구체적인 방법**을 찾아야 한다.

1) AI를 '보조장치'가 아니라 '증폭기'로 활용하라

AI를 의사결정의 단순한 **보조 도구**가 아니라, 의사결정 품질을 높이는 증폭기Amplifier로 활용해야 한다. 임원은 과거의 경험·직관 중심 의사결정에서 벗어나 데이터 기반 의사결정Data-Driven Decision Making으로 전환해야 한다.

AI는 과거의 패턴을 분석해 **"무엇이 일어날 가능성이 높은가?"**를 넘어 **"어떤 선택이 어떤 결과를 가져올 것인가?"**를 시뮬레이션해 준다. 임원은 여러 시나리오 중에서 **조직의 철학과 가치에 맞는 선택지**를 고르는 역할을 해야 한다.

AI는 선택지를 넓히고, 리더는 그중에서 "우리가 가야 할 길"을 고르는 존재이다.

2) AI와 인간의 역할을 분담하라

AI 시대의 리더는 **AI가 잘하는 일**과 사람이 해야 할 일을 **명확히 구분**해야 한다. AI는 **두뇌의 연산**을 돕고, 인간은 **심장의 판단**을 담당한다. 대표적인 역할 분담은 다음과 같다.

영역	AI가 잘하는 일	사람이 해야 하는 일
분석	대량 데이터 분석, 패턴 탐색, 예측	데이터의 의미 해석, 맥락·전략 판단
실행	반복 업무 자동화, 보고서·요약 작성	방향 설정, 전략 수립, 우선순위 결정
소통	감정 분석, 설문·피드백 수집	관계 형성, 신뢰 구축, 갈등 조정
판단	확률 기반 의사추천, 시나리오 비교	윤리·가치 기반 최종 의사결정

AI가 "계산과 제안"을 담당한다면, 임원은 "해석과 선택, 책임"을 맡는 구조가 되어야 한다.

3) AI를 '경영 실행'에 깊이 넣어라

AI는 개념이 아니라 **경영 실행 한복판에서 작동하는 시스템**이 되어야 한다. 이를 위해 세 가지 축에서 AI를 활용할 수 있다.

- AI in Decision 의사결정 내 AI 활용
  - 임원회의·전략회의에 AI 보고서를 포함시켜 정량적 근거와 시나리오 분석을 기반으로 토론하는 문화를 만든다.

◦ "말 잘하는 사람"이 아니라, "데이터와 논리로 설득하는 구조"를 정착
시키는 것이다.

* AI in Operation 운영 효율화
◦ 매출·재고·CS 데이터를 AI로 통합 모니터링하고,
◦ 예측 기반 발주 시스템, 고객 불만 자동 분류,
◦ 지역별 LSMLocal Store Marketing 추천 등으로 운영의 속도와 정확성을
동시에 높인다.

* AI in People 인사·조직관리
◦ AI 기반 역량 진단, 리더십 피드백, 학습 추천 시스템을 도입하고,
◦ 특히 임원 자신부터 'AI 코치AI Mentor'를 두어 자신의 사고 편향과 맹점
을 점검받는 구조를 만들 필요가 있다.

AI는 보고서를 대신 써 주는 도구를 넘어, **조직의 의사결정·운영·인
재 시스템 전체를 재설계하는 엔진**이 되어야 한다.

4) 임원에게 필요한 'AI 리터러시'를 강화하라

AI 시대 임원은 최소한 다음 다섯 가지 역량을 갖춰야 한다.

* AI 이해력AI Literacy
◦ AI의 기본 원리와 한계를 이해하고, "어디까지 믿고, 어디서부터 의심해
야 하는지"를 구분할 줄 아는 능력이다.

* 데이터 감수성Data Sensibility
◦ 숫자만 보는 것이 아니라, 그 뒤에 숨은 사람·현장·맥락을 함께 읽어내

는 감각이다.

- **윤리적 판단력**Ethical Reasoning
  - "할 수 있는가?"보다 "해야 하는가?"를 먼저 묻는 습관이다.
  - 효율보다 책임, 단기 성과보다 장기 신뢰를 우선하는 기준이다.
- **융합 사고력**Integrative Thinking
  - AI, 비즈니스, 사람 문제를 각각 따로 보지 않고 하나의 시스템으로 연결해 사고하는 힘이다.
- **학습 민첩성**Learning Agility
  - 정답을 가진 사람이 아니라, 지속적으로 배우고 실험하는 사람이 되려는 태도이다.
  - 임원의 가치는 "지나온 경험"이 아니라, "지금도 진화하고 있는가"에서 결정된다.

5) 의사결정마다 스스로에게 던져야 할 세 가지 질문

AI 시대의 임원은, 중요한 결정을 내릴 때마다 다음 세 가지를 자신에게 물어야 한다.

- 이 결정은 데이터로 충분히 뒷받침되는가?
- AI의 결과를 내가 이해하고, 다른 사람에게 설명할 수 있는가?
- 이 결정은 조직과 사회에 대해 책임 있는 결정인가?

AI 시대의 임원은 AI를 "권위"로 내세우는 사람이 아니라, **AI를 협력자로 두고 최종 책임을 지는 사람**이다. 데이터와 AI가 **의사결정의 80%**

기반을 제공하고, 나머지 20%를 인간의 직관·윤리·책임으로 보완할 때 비로소 **진정한 리더십**이 발휘된다.

6) 5R: 하이브리드 의사결정으로 성과를 다시 디자인하라

이제 임원이 해야 할 일은 분명하다. 데이터·AI·직관·경험·통찰을 균형 있게 결합한 **하이브리드 의사결정**으로 다음 '5R'을 실행하는 것이다.

- RE-WORK: 일의 방식과 프로세스를 재설계하고,
- RE-RELATION: 관계와 협업 구조를 다시 정의하며,
- RE-GROWTH: 성장의 방향과 모델을 재설계하고,
- RE-MINDSET: 의식과 관성을 개혁하며,
- RE-ACTION: 새로운 기준에 맞추어 다시 실행하는 것이다.

AI는 선택 사항이 아니라, 이미 "생존의 언어"가 되었다. AI 자체가 당신의 자리를 빼앗지는 않는다. 다만, **AI를 활용할 줄 아는 리더가 당신의 자리를 대신하게 될 뿐**이다.

생각하는 리더만이 AI와 함께 성과를 다시 디자인할 수 있다.

4장

질문·협업·파트너십: 성과를 두 배로 만드는 리더의 대화법

이소민

왜 지금 파트너십인가:
혼자 잘하는 임원은 더 이상 통하지 않는다

필자는 처음에 생성형 AI를 단지 업무 효율을 높이는 도구로만 여겼다. 보고서를 요약하고, 이메일 초안을 쓰고, 번역을 처리하는 "더 빠른 비서", 그 이상도 이하도 아니었다. 그러던 어느 날 밤, 한 조직의 리더십 진단 프로젝트를 준비하다 막다른 길에 부딪힌 필자는 무심코 AI에게 말을 걸었다. 명령이 아니라, 동료에게 하소연하듯이 말이다. "고객 데이터에서 '조직 내 신뢰'와 '심리적 안전감'의 미묘한 차이를 어떻게 포착할 수 있을까? 기존 방식으로는 한계가 느껴져."

생성형 AI는 몇 초 만에 답변을 내놓았다. 필자는 그 답을 읽고 내 경험을 덧붙여 다시 질문했다. 그러자 AI는 새로운 관점을 제시하며 필자의 생각을 확장해주는 '거울'이 되어주었다. 몇 시간 대화 끝의 화면 속 존재는 더 이상 지시를 기다리는 도구가 아니었다. 나와 함께 생각하고, 문제를 푸는 '파트너'였다. 그 때부터 AI와의 관계가 재정의되었고, 필자의 리더십 관점도 바뀌었다.

AI 대전환의 본질은 기술 혁명이라기보다 관계 혁명이다. 단순한 기술 트렌드를 넘어, 기업의 생존과 미래 경쟁력을 좌우하는 패러다임의 전환이다. 이 장에서는 AI를 대하는 리더의 태도가 '도구 → 동료 → 동반자'로 진화하는 과정을 통해, 왜 "AI를 파트너로 대하는 리더만이 살아남는가"를 이야기하고자 한다. 이것은 기술 사용법이 아니라 관계를 설계하는 철학에 대한 이야기이다.

단순 분업의 종말: 왜 융합형 파트너십인가

임원 교육 현장에서 자주 듣는 질문이 있다. "예전에도 협력은 중요했잖아요. 왜 지금 갑자기 파트너십을 그렇게 강조합니까?" 답은 명확하다. "예전에도 협력은 중요했다"라는 반문에 답하기 위해서는 협력의 정의부터 재정립해야 한다. 과거의 협력은 내 일과 네 일을 명확히 가른 후 각자 맡은 일을 수행하고 결과물만 합치는 물리적 분업에 가까웠기 때문이다.

그러나 변동성이 큰 미래 시장에서는 정해진 역할만 수행해서는 혁신을 만들 수 없다. 이제는 각자의 강점을 유기적으로 결합해 기존에 없던 가치를 창출하는 '창조적 융합'이 필요하다. 이것이 바로 산술적 합1+1=2에 그치는 단순 협력을 넘어, 경계를 지우고 융합하여 무한대의 가치를 만드는 파트너십만이 유효한 이유다.

요컨대, AI 시대의 생존은 단순한 '협력Cooperation'에서 '파트너십을 통한 창조적 협업Collaboration'으로의 전환에 달려 있다.

1) 속도가 달라졌다: 계획된 협력으로는 늦다

과거에는 1년 계획을 세우고, 분기별로 실행하며, 연말에 평가했다. 협력은 미리 계획된 프로젝트를 중심으로 이루어졌다. 회의 일정을 잡고, 역할을 나누고, 단계별로 진행하면 충분했다. 그러나 지금은 다르다. 시장이 한 달 만에 바뀌고, 경쟁사가 한 주 만에 신제품을 내놓고, 고객 니즈가 실시간으로 변한다. "나중에 한 번 논의해봅시다"라고 미루는 순간, 이미 뒤처지게 된다. 깊은 신뢰와 상호 이해에 기반한 파트너십이 있어야, 필요한 순간에 즉시 연결·즉시 협업·즉시 실행이 가능하다. 속도가 빨라질수록, "준비된 파트너십"이 없는 조직은 대응할 수 없다.

2) 복잡도가 달라졌다: 전문성의 교환에서 관점의 융합으로

과거의 문제는 복잡하긴 했지만, 비교적 예측 가능했고 협력은 주로 "전문성의 교환"에 머물렀다. "당신은 이 분야 전문가니까 이 부분을 맡아주세요", "저는 저 분야를 맡겠습니다." 이 정도로도 충분했다. 하지만 지금의 문제는 복잡하면서 동시에 예측 불가능하다. 단일 전문성만으로는 해석도, 해결도 어렵다. 이제 필요한 것은 단순한 "전문성의 나눔"이 아니라, 서로 다른 시선이 실시간으로 엮이고 부딪히는 '관점의 융합'이다.

3) AI와의 협력의 정의가 바뀌었다: 도구가 아닌 새로운 '협력 주체'

가장 중요한 변화는 AI가 단순한 도구가 아니라 새로운 협력 주체로 등장했다는 점이다. 과거의 협력 대상은 모두 인간이었다. 지금은 그 자리에 AI가 들어왔다. 그런데 많은 리더가 사람에게는 존중하고, 질문하고, 피드백을 구하면서 AI에게는 "이 자료 정리해 줘", "이메일 써줘"라며 일방적으로 명령만 내린다. 여기서 결정적 차이가 발생한다.

- AI를 '도구'로만 쓰는 리더: 빠르지만, 결과는 평범하고 예측 가능한 수준에 머문다.
- AI를 '파트너'로 대하는 리더: 자신의 생각에 반박하게 하고, 다른 시각을 요구하고, 예상 밖 인사이트를 탐색한다.

이 차이는 의사결정의 깊이와 폭 자체를 근본적으로 달라지게 만든다. 나아가 시간이 지날수록 거대하게 축적되어, 결국 좁힐 수 없는 성과 격차로 귀결된다.

이러한 변화의 흐름은 데이터로도 확인할 수 있다. 대한민국 AI 시장은 2032년까지 연평균 33.4% 성장할 것으로 예측되며, 국내 기업의 55.7%가 이미 생성형 AI를 업무에 활용하고 있다. 이러한 폭발적인 성장세는 역설적으로 '누구나 AI를 쓰는 시대'에 진입했음을 알리며, 단순한 기술 수용을 넘어 '질적 활용'의 단계로 나아가야 함을 시사한다. 따라서 승부의 판도는 이제 단순 도입에서 '전략의 유무', '전략의 정교함'으로 이동했다. 톰슨로이터Thomson Reuters의 「전문직 미래 전망 2025」에 따르면, 명확한 AI 전략을 가진 조직22%은 그렇지 않은 조직보다 AI로 인한 수익 증가 가능성 이 2배, 주요 혜택 경험 가능성이 3.5배 더 높았다. 반면, 전략 없이 도입만 서두른 조직은 시간 절약이나 성과 면에서 뚜렷한 차이를 보이지 못했다. 즉, "AI를 도입했느냐"가 아니라, "어떤 전략적 관계로 쓰고 있느냐"가 성패를 가른다는 것이다.

더욱 흥미로운 것은 리더의 인식과 현장의 현실 사이에 이미 큰 '갭'이 벌어지고 있다는 점이다. 맥킨지McKinsey가 2025년 1월 발표한 보고서는 리더의 인식과 실제 현장 사이의 위험한 간극을 드러냈다. C레벨 임원기업 내 최고위급 임원을 뜻하는 말로, 'Chief'의 약자인 C로 시작하는 직함을 가진 경영진들은 "직원 중 4%만이 일상 업무의 30% 이상을 AI로 활용하고 있다"고 인식했지만, 실제로는 13%의 직원이 이미 "업무의 30% 이상을 AI로 활용 중"이라고 응답했다. 이 3배에 달하는 '인식 격차'는 단순한 숫자 차이 이상의 의미를 갖는다. 이 간극은 경영 상의 심각한 비효율을 초래하는 요인이 될 수 있기 때문이다. 현장의 잠재력을 과소평가한 리더는 자원 배분과 투자에서 치명적인 오판을 내리기 쉬우며, 적절한 대응 시기를 놓쳐 혁신의 골든타임을 잃게 된다. 더 큰 문제는 조직 내부의 신뢰 균열이다. 자신의 노력이 제대로 평가받지 못한다고 느끼는 박탈감에 빠진 직원들은 혁신의 동력을 잃고 리더십에 대한 신뢰를 거두게 된다. 결국 리더와 현장 사이에 보이지 않게 존재하는 이 인식의 장벽이 조직의 AI 전환을 가로막는 걸림돌인 셈이다.

[리더를 위한 성찰 질문]

이제 몇 가지 질문을 스스로에게 던져볼 필요가 있다.

- 나의 조직은 AI를 "비용 절감 도구"로 보고 있는가, 아니면 "성장의 엔진"으로 정의하고 있는가?

- 나는 우리 직원들의 실제 AI 활용 수준을 데이터로 정확히 알고 있는가, 아니면 막연한 추측에 의존하고 있는가?

- 나는 AI에게 새로운 가능성을 탐색하는 질문을 던지고 있는가, 아니면 이미 아는 답을 더 빨리 얻기 위해서만 사용하고 있는가?

- AI가 기대와 다른 결과물을 내놓았을 때, 곧바로 "역시 AI는 한계가 있어"라고 단정 짓는가, 아니면 "내 질문 방식, 맥락 설명이 충분했는가?"를 먼저 점검하는가?

리더십의 3단 진화:
도구에서 동행자, 그리고 동반자로

AI와의 관계 설정이 리더의 성패를 가른다. AI를 단순한 기능적 도구로 보느냐, 아니면 사고를 확장하는 지적 파트너로 대하느냐에 따라 창출되는 가치의 총량이 달라지기 때문이다. 이 관계의 깊이는 3단계로 진화한다.

현재 상당수의 리더와 조직들이 기능적 활용에 집중하는 도입기1단계에 머물러 있으나, 탁월한 성과를 내는 리더들은 이미 AI와 융합하여 혁신적 가치를 창출하는 3단계로 빠르게 진화하고 있다.

1단계: 도구의 시대 – "AI, 이거 해줘"

"Gen AI 도구를 사용하고 계십니까?"라는 필자의 질문에 대부분의 임원은 "이메일 초안이나 번역 정도 시킨다"고 답하며, "결과가 시원치 않아서 포기했다"고도 덧붙인다. 이것이 AI를 '도구'로만 대하는 리더의 전형적인 모습이다. 이들은 AI를 '더 똑똑한 엑셀' 정도로 취급하며 간단한 지시를 내리고 예측 가능한 결과를 얻는 것에 만족한다. 문제는 '도구로 대하는 태도'로 자신의 기존 업무 방식과 사고의 틀을 그대로 AI에 투영한다는 점이다. 한 임원은 맥락 설명이나 역할 분담 없이, 분기 실적 보고서 작성을 AI에게 맡겼다. AI는 기대와 다른 엉터리 결과물과 사실과 다른 데이터를 생성하는 '환각Hallucination' 현상을 일으켰고 그는 곧바로 "역시 AI는 믿을 수 없다"라며 단정 짓고, AI의 효용성을 단적으로 부정했다. 하지만 이는 도구의 문제가 아니라 사용법의 무지에서 비롯된 결과다. 과거의 '지시하고 통제하는' 리더십은 리더의 머릿속 정답을 하달하는 '일방향 프로세스'였다. 과거의 '지시와 통제' 방식이 성공했던 건, 지시의 빈칸을 부하직원의 '암묵지Tacit Knowledge'가 채워주었기 때문이다. 그러나 AI는 질문을 던지고 맥락을 튜닝하는 '양방향 상호작용' 없이는 작동하지 않는다. '정답을 미리 정해두고 지시하고 통제하는' 과거의 성공 방정식이 맥락과 상호작용이 필요한 AI 시대에는 오히려 실패의 원인이 됨을 보여주는 전형적인 사례다. '결과만 요구하던' 과거의 관성을 버리고 '과정을 함께 설계하는' 상호작용으로 전환하지 않는 한, 이러한 실패의 경험은 반복될 것이다.

　이러한 1단계 수준의 '단순 활용'은 겉보기엔 개인의 생산성을 높이는 것처럼 보이지만, 조직 전체로 보면 '생산성의 함정'에 빠지는 지름길이 된다. 먼저, '숨겨진 비용'이 증가한다. 앞선 임원의 사례처럼 AI가 내놓은 부정확한 정보를 검증하고 수정하는 데 드는 리소스는 시간이 갈수록 눈덩이처럼 불어난다. 나아가, '조직의 파편화'를 초래한다.

부서마다 제각각 다른 방식으로 도구를 사용하다 보면 데이터와 노하우가 흩어지는 '사일로Silo' 현상이 심화된다. 이는 전사적 시너지를 차단하고 조직의 통합된 지능을 마비시키는 결과를 낳는다. 결국 누구나 할 수 있는 단순 업무 효율화로 경쟁사도 쉽게 모방할 수 있는 1차원적 변화에 그칠 뿐, 우리 조직만의 고유한 경쟁 우위나 시장을 선도하는 차별화된 경쟁력으로 이어지지는 않는다.

내가 만난 많은 '유능한' 임원들이 AI 앞에서 무너지는 이유는 아이러니하게도 그들의 '유능함' 때문이다. 그들은 지난 20년간 '지시'와 '관리'에 최적화된 전문가들이었다. 과거의 성공 방정식은 '정확한 답을 알고, 강력하게 지시하며, 결과를 통제하는 것'이었다. 하지만 AI 파트너십은 그 반대의 역량을 요구한다. '정답을 모르고, 함께 탐색하며, 과정을 촉진하는 것'이다. 이 근본적인 마인드셋의 전환에 실패한 리더들은 AI라는 강력한 엔진을 눈앞에 두고도 과거의 마차를 끄는 방식으로만 사용하려 한다. 그들의 치명적인 실수는 AI를 '더 똑똑한 엑셀'로 취급한 것이다. 그들은 AI에게 '명령'했을 뿐, '질문'하지 않았다. 그 결과 AI는 그들의 관점과 해법 즉 '관리자'의 사각지대를 포함한 선 내에서의 관점과 해법 수준을 넘어서는 답을 가져다주지 못했다.

2단계: 동료의 시대 – "어떻게 생각하니?"

진정한 변화는 리더가 '명령'을 멈추고 '질문'을 시작할 때 일어난다. 이 단계에서 리더는 AI를 "함께 사고하는 파트너"로 대한다. 한 임원은 평소 "보고서 요약해줘" 같은 지시만 반복했다. 결과는 평범했고, 그는 실망감을 감추지 못했다. 그의 표정에는 '역시 AI는 아직 멀었어'라는 생각이 역력했다. 필자는 그에게 질문을 바꿔보라고 제안했다. "'우리 신제품을 30대 남성 고객에게 어떻게 소개하면 좋을까?' 대신 이렇게 물어보시죠. '우리 신제품의 핵심 가치가 '시간 절약'인데, 30대 직장 남성들이 '시간'에 대해 어떤 감정을 느끼고 있을까요? 그들이 진짜 원하는 건 시간 그 자체일까요, 아니면 시간이 주는 다른 무언가일까요?'" 같은 AI였지만 질문을 바꾸자 완전히 다른 대화가 시작됐다. AI는 단순한 마케팅 문구 대신, 고객의 심리적 맥락과 감성적 메시지 전략을 제안했다. "시간 절약은 가족과의 저녁, 온전한 나만의 시간과 연결되므로, '시간'이 아니라 '시간이 열어주는 삶의 장면'을 강조하라"는 AI의 제안에 임원은 "마치 똑똑한 전략기획팀의 팀원과 브레인스토밍하는 느낌"이라고 감탄했다.

AI를 '명령을 수행하는 도구'로 보는 순간, AI는 단순 도구에 머문다. 하지만 '질문을 주고받으며 함께 사고하는 파트너'로 대하는 순간, AI는 당신의 사고를 확장하는 동료가 된다.

3단계: 동반자의 시대 – 전달에서 '공동 창조'로

AI와의 관계가 최고 수준에 이르면, AI는 리더와 함께 가치 공동 창조Co-creation를 실현하는 '동반자'가 된다. 이 단계에서 리더는 AI를 '나의 사고를 확장시키는 존재'로 인식하며, '가치 공동 창조'를 실현한다. 필자 역시 초기에는 AI에게 요약과 정리만 시켰으나, 이제는 이렇게 묻는다. "나는 이 주제에 대해 이런 관점인데, 독자들은 어떤 의문을 가

질까? 그 간극을 어떻게 메울 수 있을까?” “이 데이터에서 가장 의외의 패턴은 무엇이고, 그것이 의미하는 바는 뭘까?” 그러자 AI는 내가 놓친 관점을 역으로 제시하고, 더 깊은 질문을 되물으며 여러 가능성을 펼쳐주었다. 이 과정에서 필자는 “내가 AI를 더 나은 파트너로 만든 것이 아니라, 더 나은 질문이 나를 더 나은 파트너로 만들었다”는 깨달음을 얻었다. AI 덕분에 미처 생각 못 한 의사결정 기준을 발견하고, 새로운 영역에 도전하는 용기를 얻는 것. 이것이 동반자 단계의 리더십이다.

혹자는 그런 말을 한다. “AI 도구를 쓰면서 점점 더 멍청해지는 기분이에요. 아무 생각도 하지 않고, AI 도구에 의존하기만 하죠.” 이는 AI를 ‘정답 자판기’로만 사용하는 ‘도구의 시대’에 머무를 때 나타나는 현상이다. 그러나 AI를 파트너로 삼는 순간, 이야기는 정반대가 된다. 필자에게 AI는 ‘나를 더 똑똑하게 만들어 주는 지적 증폭기’다. 미처 보지 못한 의사결정의 사각지대를 비춰주고, 이전에 시도하지 못했던 영역으로 이끄는 러닝메이트 역할을 해주기 때문이다. 덕분에 지금 이 파트너와 함께 전례 없는 성장의 속도를 경험하고 있다. AI에 의존하면 사고가 멈추지만, AI와 협업하면 사고는 비약적으로 확장된다. 기업의 방향타를 쥔 임원이 이 결정적인 차이를 깨닫고 성장에 붙는 가속도를 경험한다면 그 조직의 미래는 이전과 완전히 다른 차원으로 진입하게 될 것이다.

[리더를 위한 성찰 질문]

- 나는 AI에게 새로운 가능성을 탐색하는 질문을 던지는가, 아니면 내가 이미 아는 답을 더 빨리 얻기 위해서만 사용하고 있는가?
- AI가 기대와 다른 결과물을 내놓았을 때, AI의 한계라고 단정 짓는가, 아니면 나의 질문 방식이나 지시의 명확성에 문제는 없었는지 먼저 돌아보는가?
- 나는 AI에게 주로 '닫힌 질문'예/아니오로 답할 수 있거나, 사실 확인을 요구하는을 던지는가, 아니면 '열린 질문'다양한 가능성을 탐색하게 하는을 던지는가?
- 나는 AI와의 대화를 통해 내가 기존에 가지고 있던 가설이나 편견에 도전받는 경험을 하고 있는가?
- 우리 조직은 AI를 단순히 개별 업무의 효율을 높이는 데 사용하는가, 아니면 조직의 공동 목표 달성을 위한 전략적 파트너로 함께 활용하고 있는가?

진정한 AI 파트너십의 세 가지 요소

첫째, 상호성 Reciprocity **– '가치'를 위한 '같이', 즉 '우리 일'이라는 관점**

성공한 스타트업 파트너들은 일의 영역 구분에 그다지 관심을 두지 않는다. 그들은 '네 일, 내 일'을 따지는 대신 오직 '우리의 목표'에 집중한다. "CTO인 저도 고객 인터뷰에 참여합니다. 고객의 맥락을 이해해야 진짜 솔루션이 나오니까요. 대표님도 개발 회의에 들어오십니다.

비즈니스와 기술이 섞여야 최선의 의사결정이 가능하기 때문이죠." 이 것이 바로 상호성이다. 이 원칙은 AI와의 관계에서도 동일하게 적용된다. 단순히 AI에게 일을 시키는 차원을 넘어, '나의 직관'과 'AI의 데이터 처리 능력'을 결합해 "어떻게 전에 없던 가치를 만들 것인가?"를 치열하게 고민해야 한다. 서로의 강점이 융합될 때, 비로소 진정한 파트너십의 시너지가 폭발하기 때문이다.

둘째, 진화 Evolution **– 관계 자체가 성장하고 있는가**

관계 자체가 성장하는 것이다. 진짜 파트너십은 시간이 지나면서 서로의 역량이 변하고, 필요가 달라지며, 관계의 의미도 변한다. 그 변화를 읽지 못하고 과거의 관계 패턴에 머물면 관계는 정체되고 결국 무너진다. AI는 매일 업데이트된다. 6개월 전 AI와 상호작용하던 방식으로 지금도 쓰고 있다면, 당신은 AI의 진화를 따라가지 못하고 있는 것이다. AI는 매달 아니 매일 업데이트되고 성능이 향상된다. 당신의 AI 활용 방식도 그에 맞춰 진화해야 한다. 더 중요한 것은, "AI가 당신을 진화시키고 있는가?"라는 질문에 대한 당신의 대답이다. 단순히 일을 더 빨리 처리하는 도구로만 쓴다면 리더는 성장하지 않는다. 하지만 AI와의 협업을 통해 새로운 사고방식을 배우고, 새로운 질문을 던지게 되고, 새로운 역량을 개발한다면, 진정한 파트너십이 이뤄진다. 단지 일을 조금 더 빨리 끝내는 데만 쓰고 있다면, 그 관계는 아직 1단계·2단계에 머물러 있는 것이다.

셋째, 존중 Respect **– 다름을 인정하고 강점을 존중하는가**

많은 리더가 이렇게 토로한다. "AI는 인간만큼 미묘한 맥락을 파악하지 못해요.", "AI는 사람처럼 생각을 못 하잖아요."

맞는 말이지만, 그것은 AI의 '결함'이 아니라 '다름'이다. AI는 감정이 없기에 편견 없이 패턴을 탐색하고, 피로를 모르기에 방대한 정보를 처리한다. 인간과 AI가 같아지기를 바라는 것이 아니라, 서로 다르기 때문에 보완할 수 있다는 것을 인정할 때, 진짜 파트너십이 시작된다.

[리더를 위한 성찰 질문]

- 나는 구성원에게 질문을 던진 후, 그들의 대답을 끝까지 들을 준비가 되어 있는가? 아니면 내 생각과 다르다는 이유로 대화를 서둘러 정리해버리는가?
- 구성원이 나와 다른 의견을 제시했을 때, 그것을 '도전'으로 느끼는가, 아니면 '새로운 관점'으로 환영하는가?
- 최근 일주일간 회의에서, 내가 말한 시간과 구성원들이 말한 시간의 비율은 어떻게 되는가? 나는 '질문하는 리더'였는가, '설명하는 리더'였는가?

질문하는 리더가 사람도, AI도 파트너로 만든다

필자가 현장에서 만난 탁월한 임원들은 예외 없이 '질문하는 리더'이자 '촉진하는 리더Facilitating Leader'였다. 리더의 역할이 '어떤 답을 아는가'에서 '무엇을 물을 수 있는가'로 이동했기 때문이다. 변동성이 큰 현대에 희소한 것은 정답 그 자체가 아니라 그 답을 이끌어낼 본질적인 질문이기 때문이다. 과거의 리더십은 '가장 많이 아는 사람'으로서 정답을 제시하는 능력에서 나왔다. 하지만 지금은 다르다. 방대한 데이터와 지식을 가진 AI가 리더보다 '더 많이, 더 깊이' 아는 시대가 되었기 때문이다. PwC의 '제27차 연례 글로벌 CEO 설문조사'에서 CEO의 70%가 '향후 3년 내 생성형 AI가 비즈니스 모델을 뒤흔들 것'이라 전망한 것은, 이제 리더 혼자 모든 답을 알 수 없음을 시인하는 것과 같다.

따라서 AI 시대 리더의 핵심 역량은 '답을 아는 것'에서 '올바른 질문을 설계하는 것'으로 이동했다. 질문이 없는 리더는 사람과 AI를 단순한 '지시 수행 대상'으로 전락시키지만, 좋은 질문을 던지는 리더는 그들을 최고의 성과를 내는 '비즈니스 파트너'로 만든다.

질문하는 리더가 만드는 고성과 협업 생태계

질문을 대하는 리더의 태도는 조직의 운명을 결정짓는데 중요한 역할을 한다. 중국 진秦 멸망 이후 천하를 두고 다툰 항우와 유방의 대비는 이를 극적으로 보여준다.

귀족 출신에 능력이 뛰어났던 항우는 매 전투 후 "어떠냐何如?"라고 물었다. 이는 지혜를 구하는 것이 아니라, 자신의 판단과 능력에 대한 동의와 찬사를 확인받으려는 질문이었다. 자연히 그는 독선적이 되었고 주변의 조언은 차단되었다. 이는 AI에게 "내 생각이 맞지?"라고 묻고, 다른 답이 나오면 "쓸모없다"고 치부하는 1단계 리더와 닮았다.

반면, 유방은 늘 "어떻게 하지如何?"라고 물었다. 이는 자신의 한계를 인정하고 집단의 지혜를 구하는 탐색의 태도였다. 그 덕분에 장량, 소하, 한신 등 뛰어난 인재들의 지혜를 모을 수 있었다. 이는 정답이 없는 문제 앞에서 AI에게 "우리가 함께 탐색해볼까?"라고 묻는 2·3단계 리더의 태도와 같다. '어떠냐'와 '어떻게 하지'의 차이는 단순한 말버릇이 아니다. 리더가 세상과 조직을 대하는 관점의 차이다. 질문의 힘은 단순한 소통의 기술을 넘어 조직의 생존을 좌우한다.

"질문하는 조직"이 만들어낸 전환점

질문 기반 리더십은 조직 문화로 자리 잡을 때 진정한 힘을 발휘한다. 필자가 참여한 한 중견기업의 조직문화 혁신 프로젝트 사례를 소개한다. 이 기업은 "회의는 잦은데 성과가 없고, 실행은 빠르나 혁신이 없다"는 고민을 안고 있었다. 관찰 결과, 회의의 80%는 단순 진술이었고 질문은 20%에 불과했으며, 그마저도 "이거 맞아요?", "왜 이렇게 했어요?" 같은 확인 및 질책성 질문이었다. 우리는 "질문하는 조직 만들기" 프로젝트를 시작했다.

1단계: 리더의 질문 습관 바꾸기

핵심은 "회의에서 진술을 절반으로 줄이고, 질문을 두 배로 늘리는 것"이었다. "이거 왜 이렇게 했어?"비판를 **"이 방식을 선택한 이유가 궁금한데?"**호기심로, "안 될 것 같은데"를 **"예상되는 어려움은 무엇이고 어떻게 극복할까?"**탐색로 바꾸도록 했다. 2주간의 의도적 실천만으로도 회의의 공기가 달라졌다.

2단계: '질문의 시간' 제도화

한 부서는 매주 금요일 30분간 '질문의 시간'을 도입했다. 비판 금지, 답 강요 금지, 리더의 선행 질문이라는 규칙 아래 진행되었다. 리더가 "만약 예산이 2배라면 어디에 투자할까?"라고 묻자, 팀원들은 "고객이 진짜 원하는 건 빠른 배송일까, 다른 무엇일까?"라는 질문을 던졌다. 이 논의는 실제 고객 인터뷰로 이어졌고, '빠른 배송'보다 '예측 가능성'이 더 중요하다는 인사이트를 도출해 고객 만족도를 크게 높였다.

3단계: AI를 '질문 파트너'로 활용하기

AI를 '답을 주는 도구'가 아니라 '질문을 던져주는 파트너'로 활용했다. 회의 전 AI에게 상황을 설명하고 "우리가 놓치고 있는 리스크나 기회는 무엇인가? 회의에서 논의해야 할 질문 3가지를 제안해줘"라고 요청했다. AI는 "재방문율Retention 관리 계획은?", "경쟁사의 대응 시나리오는?", "서버 부하 대응책은?"과 같은 날카로운 질문을 제시했다. 사람이었다면 분위기를 깰까 봐 주저했을 민감한 이슈도 "AI가 제안한 질문"이라는 프레임 덕분에 감정 소모 없이 솔직하게 논의할 수 있었다. 그 결과, "시키는 것만 빨리 하는 조직"이 **"스스로 질문하고 답을 찾는 조직"**으로 변모했다. 올바른 질문을 먼저 던지니 시행착오가 줄어 실행 속도는 오히려 빨라졌고, 구성원의 존중감도 28%에서 79%로 상승했다.

리더십 패러다임의 전환: 관리 → 공유 → 공동 창조

리더십의 패러다임은 '관리와 지시'를 지나 '가치 공동 창조Co-creation'의 시대로 접어들었다. 딜로이트Deloitte, 2024는 이를 'Human-Machine Teaming'이라 명명하며, AI를 팀원으로 인식하는 조직이 월등한 성과를 낸다고 보고했다. AI를 잘 '사용'하는 조직보다 AI와 잘 '함께' 일하는 조직이 더 빨리 배우고 더 탁월한 성과를 창출한다.

[리더를 위한 성찰 질문]

- 나의 회의는 '항우'의 방식인가, '유방'의 방식인가? 나는 주로 나의 지식과 경험을 과시하고 동의를 구하기 위해 질문하는가어떠냐?, 아니면 나의 한계를 인정하고 구성원과 AI 파트너의 집단 지성을 이끌어내기 위해 진심으로 탐색하는 질문을 던지는가어떻게 하지??
- 나는 직원들이 '내 의견이 존중받는다'고 느낄 수 있도록, '질문의 시간'과 같은 구체적인 제도적 장치를 마련하여 운영하고 있는가?"
- AI를 활용해 누구나 두려움 없이 의견을 낼 수 있는 심리적으로 안전한 토론 문화를 조성하기 위해, 리더로서 어떤 구체적인 노력을 하고 있는가?
- 나는 AI와의 비판적 토론 과정을 구성원들과 공유하며 함께 성장하는 문화를 만들고 있는가?

증강 지능Augmented Intelligence의 실제

AI를 얼마나 '잘 쓰느냐'보다 AI와 얼마나 '잘 함께 일하느냐'가 미래 경쟁력을 가르는 기준이 된다.

필자가 최근 Gen AI 도구와 함께 진행한 한 리더십 진단 프로젝트는 이를 잘 보여준다.

- AI의 역할은 수백 명의 리더십 설문 데이터를 분석하고, 패턴·상관관계·이상치를 포착하며, 독립변수와 종속변수 간의 관계를 분석해 인과관계 추론에 필요한 단서를 뽑아내는 일이었다.
- 필자의 역할은 그 데이터 뒤에 숨은 조직의 맥락, 문화적 배경, 개인의 스토리를 해석하고, 실행 가능한 코칭 방향을 설계하는 일이었다.

함께 만든 결과물은 단순한 점수표가 아니라, 각 리더의 성장 스토리와 구체적 실천 과제를 담은 **맞춤형 리더십 로드맵**이었다. 이 프로젝트를 혼자 했다면 데이터 분석에만 몇 주가 걸렸을 것이다. 반대로 AI에게만 맡겼다면 표면적 통계 분석에 그쳤을 것이다. AI와 파트너십을 맺었기에, 필자는 정말 중요한 일, 즉 "사람을 이해하고 변화를 설계하는 일"에 집중할 수 있었다.

이것이 스탠퍼드 대학 Human-AI Collaboration 연구팀이 말하는 '증강 지능Augmented Intelligence'이 현장에서 어떻게 구현되는지를 보여주는 예시이다. AI는 인간의 일자리를 뺏는 경쟁자이거나 인간을 대체하는 것이 아니다. 오히려 인간이 반복적이거나 기계적 업무에서 벗어나 본질적인 가치에 집중하게 함으로써 결과적으로 인간의 고유한 역량과 잠재력을 증폭해 주는 파트너로 기능한다. AI의 역할은 인간의 대체가 아닌 확장에 있다.

AI는 인간을 대체하는 것이 아니라 인간의 역량을 증폭시키는 파트너다.

[리더를 위한 성찰 질문]

- 우리 조직은 '시키는 조직'에 머물러 있는가, 아니면 '스스로 답을 찾는 조직'으로 나아가고 있는가?

- 나는 AI를 단순 자동화 '도구'로만 사용하여 나의 업무 부담을 줄이는 데 만족하고 있는가, 아니면 AI와의 'Human-Machine Teaming'을 통해 나 자신과 구성원들이 더 고차원적이고 창의적인 역할에 집중하도록 '증강 지능'을 구현하고 있는가?

AI는 임원의 리더십을
확장시키는 두 번째 브레인이다

AI가 실행과 관리의 상당 부분을 맡아주는 지금, 리더는 비로소 '인간다움'이라는 본연의 역할과 마주할 기회를 얻었다.

AI가 'What'과 'How'를 책임질수록, 리더는 'Why왜 이 일을 하는가'와 'Who누구를 위한 일인가'를 설계하는 데 더 많은 에너지를 쏟을 수 있다. 실행의 효율성이 AI에 의해 상향 평준화되는 시대에, 리더의 가치는 "얼마나 잘 관리하는가"가 아니라 **"어떤 의미 있는 방향을 제시하는가"**에 의해 결정된다.

다만, AI와의 파트너십을 맹신과 혼동해서는 안 된다. 진정한 파트너십은 '편안한 동의'가 아니라 '건강한 긴장감'을 동반한 신뢰에서 나온다. 리더는 AI의 제안을 정답이 아닌 "데이터 기반의 최적 가설 A"로 받아들여야 한다. 동시에 자신의 직관과 경험, 현장 맥락을 바탕으로 "인간의 가설 B"를 세워 치열하게 토론해야 한다. AI는 우리의 생각을 대신하는 대리인이 아니라, 더 나은 결정을 위해 끝없이 충돌하고 협력해야 할 '생각의 파트너'이기 때문이다. 건강한 파트너십은 맹목적 수용이 아닌 비판적 검증에 있다. AI는 방대한 과거 데이터를 기반으로 '가장 확률 높은 답'을 제시하는 데 탁월하다. 하지만 혁신은 종종 '가장 확률 낮은 지점'에서 일어나기도 한다. AI가 제시하는 안전한 길만 따라가면 조직은 과거의 틀에 갇힐 수 있다. 따라서 리더는 AI를 비판적 토론의 파트너로 삼아 새로운 가치를 만들어내야 한다.

AI가 파트너로 자리 잡으면 리더는 더 이상 '감시자'나 '진척 관리자' 역할에 매여 있을 필요가 없게 된다. AI가 이미 진행 상황과 리스크를 분석해 알려주기 때문에 "그 보고서 언제 끝나?"와 같은 소모적인 진척 확인에서 해방될 수 있다.

대신 리더의 질문은 이렇게 달라져야 한다. 구성원들에게 "AI의 분석 결과에서 놓친 부분은 없나요? 당신의 '직관'으로 보완해야 할 지점은 어디입니까?"와 같은 질문을 던져 보라. 이 질문은 구성원을 단순 관리 대상이 아닌, AI의 한계를 넘어서고 보완하는 '가치 있는 전문가'로 인정고 대우한다는 강력한 신호가 된다.

리더는 이러한 신뢰를 바탕으로 파트너십이 일상적으로 발현되는 '심리적 안전지대'를 만드는 촉진자Facilitator가 되어야 한다. 구성원들이 두려움 없이 AI와 협업할 수 있는 환경을 설계하는 것이다.

핵심은 구성원과 AI에 향하는 리더의 언어를 '지시'에서 '초대'로 바꾸는 것이다. '이 모델로 돌려봐'라고 명령하는 대신, '이 문제를 어떻게 함께 다뤄볼까?'라고 제안하며 소통 방식의 변화를 시도해보면 어떨까. 작은 소통의 변화가 조직 내 깊은 신뢰와 신뢰 문화의 구축을 만들어 낼 것이다. 더 나아가 과업의 결과 확인에만 주목하지 않고 과정에서 무엇을 배웠고 어떤 감정을 느꼈는지 나누며 서로 배우고 성장하는 학습의 선순환 구조를 만들 수 있게 된다.

AI는 당신의 자리를 빼앗지 않는다. 다만, AI를 파트너로 대하는 임원이 그렇지 않은 임원의 자리를 대신할 뿐이다. 지금 이 순간, 당신의 책상 위 AI에게 당신은 '명령'하고 있는가, 아니면 '질문'하고 있는가? 파트너로서 구성원, 조직, AI를 받아들이고 표현하는 임원의 언어는 곧 생존의 언어다. 그리고 그 언어를 도구의 문법이 아니라 관계의 문법으로 말하는 리더만이 다음 장을 열 수 있다.

[리더를 위한 성찰 질문]

- AI가 확보해 준 시간과 에너지를 나는 어디에 쓰고 있는가? 여전히 '관리How'에 머물러 있는가, 아니면 '방향 제시Why'에 집중하고 있는가?
- 나는 AI와의 관계에서 '편안한 의존'이 아닌, '건강한 긴장감'을 유지하고 있는가? AI의 제안을 비판 없이 수용하는가, 아니면 나의 직관을 담은 '가설 B'를 세워 적극적으로 토론하고 있는가?
- 나는 여전히 'How어떻게'의 영역에 머물러 조직을 관리하고 있는가, 아니면 우리 조직의 존재 이유 'Why왜', 'What무엇을', 'Who누구를 위해'에 대해 깊이 성찰하며 방향을 제시하고 있는가?
- 나의 리더십은 조직에 '효율'만 남기고 있는가, 아니면 '신뢰'를 남기고 있는가?

5장

임원이 갈등을 피하면 혁신도 사라진다

박해룡

AI 시대, 임원이 마주하는 새로운 갈등

요즘 임원들이 특히 힘든 이유

AI 시대이다. 변화의 속도는 빨라졌고, 그만큼 임원이 느끼는 부담도 커졌다.

- 나는 변화에 잘 적응하고 있는가?
- AI 시대, 더 복잡해진 문제를 제대로 풀고 있는가?
- 지금까지 해온 방식이 여전히 최선인가?

임원들은 마음속으로 이런 질문을 반복한다. 왜 이런 불안이 유난히 커졌을까?

이유는 단순하다. **AI와 디지털 변화가 "직급을 가리지 않고" 동시에 밀어닥쳤기 때문이다.** 직급이 높다고, 임원이라고 해서 준비할 시간을 더 주지 않는다.

어떤 임원은 여전히 AI를 거의 쓰지 않는다. 그와 함께 일하는 직원들은 어느 순간 속으로 이렇게 묻는다.

"이제 훨씬 효율적인 방법이 있는데, 우리는 왜 아직도 예전 방식으로만 일해야 하지?"

결국 임원의 역량이 조직의 역량이 된다. 임원이 먼저 변화의 순풍을 타지 못하면, 조직은 이상 기류가 올 때마다 더 심하게 흔들린다. 이 장에서 다루려는 핵심 질문은 분명하다.

"AI 시대, 임원은 갈등을 어떻게 다루어야 혁신과 성장을 지켜낼 수 있는가?"

갈등을 피하는 조직은 편안해 보일지 모른다. 그러나 **"안전한 갈등"이 없는 조직은 결국 배움도, 혁신도 사라진다.**

우리가 배워야 할 것은 갈등을 없애는 기술이 아니라, **갈등을 성장과 성과의 연료로 바꾸는 기술**이다.

1) 디지털 리터러시 격차에서 시작되는 답답함

디지털 기술과 AI는 업무 방식을 완전히 바꾸고 있다. 기안서는 동시에 여러 사람이 편집·확인할 수 있고 공유 폴더에 올려 놓으면 누구나 열람·수정·이력 확인이 가능하며 제품 카탈로그도 AI의 도움을 받아 사진·문구·편집 시안을 빠르게 뽑아낼 수 있다.

반대로, 예전 방식은 이랬다.

문서를 출력해 회람하고, 빨간 펜으로 수정하고, 여러 번 초안을 고쳐 올린 뒤 팀장, 임원, 사장의 의견이 차례로 더해져 결과 하나를 내기까지 오랜 시간이 걸렸다.

지금도 여전히 그 방식을 고수하는 임원이 있다면, 온라인 협업과 문서 공동 편집에 익숙한 MZ·알파 세대 직원들에게 조직은 이렇게 보일 수 있다.

"굳이 이렇게 느리고 힘들게 할 이유가 있나?"

하루 종일 걸릴 일을 AI와 협업툴을 써서 1시간 만에 끝낸 직원이 정시 퇴근을 하려 할 때, "일은 다 했나요?"라고 묻는 순간 갈등의 씨앗이 싹튼다.

여기서 중요한 사실이 하나 있다.

디지털 기술·스킬 수준은 '직급'이 아니라 '개인'마다 다르다. 디지털 기술은 임원이 더 낮을 수도 있다. 그래서 임원이 먼저 격차를 줄이려 하지 않으면, 갈등의 뿌리가 된다. 반대로, 기술은 **금방 배워서 극복할 수 있는 영역**이기도 하다. 그래서 디지털·AI 격차에서 비롯된 갈등은 사실 가장 "안전하게 해결할 수 있는 갈등"이다.

2) 임원은 위·아래로 동시에 끼어 있는 사람이다

임원의 갈등은 보통 "임원 vs 직원"으로만 이야기된다. 하지만 현실의 임원은 **위아래로 동시에 끼어 있는 사람**이다.

- 아래로는: AI와 협업툴에 익숙한 실무자들
- 위로는: AI에 회의적이거나, 혹은 과도한 기대를 품은 CEO·오너

예를 들어 이런 상황을 떠올려 보자.

실무자들은 AI에게 프롬프트를 줄 때처럼 **구체적인 업무 지시**를 기대한다. 결과물 이미지, 보고서 구조, 제약조건, 마감 시간 등. 그러나 많은 임원은 여전히 "이슈는 이렇고, 한 번 기획해 봐요" 수준으로 지시한다. 예전엔 그렇게 지시해도 실무자가 알아서 잘 만들어 왔다. 이제는 "가이드를 더 구체적으로 주면 좋겠다"는 기대가 커지고 있다. AI에게 지시하는 수준까지 기대하는 직원이 늘고 있다.

반대 방향의 갈등도 있다. 실무자는 AI를 잘 쓰고, 임원도 어렵게 배워서 꾸역꾸역 따라가고 있는데, 정작 CEO나 고령의 오너가 "우리 회사는 AI 쓰지 마라, 위험하다"라고 하면 그 한마디에 조직 전체의 실험과 학습이 멈춰버린다.

이때 중간에 낀 임원은 더 힘들어진다.

"나도 아직 AI가 완전히 익숙하지 않은데 윗사람은 '회사에 AI를 활용한 디지털 전략안을 가져와'라 하고, 아랫사람은 '프롬프트를 더 디테일하게 가이드를 주세요'라고 한다."

위와 같이 AI 시대 임원 갈등의 본질은 단지 세대 갈등이 아니다. 디지털 이해도 차이, 성과 책임자로서의 역할 압박, 위와 아래에서 동시에 쏟아지는 기대치가 엉켜 있는 복합 갈등이다. 그래서 우리는 먼저 이 갈등의 **"뿌리가 무엇인지"** 구조적으로 보는 것이 필요하다.

갈등의 뿌리 7가지: 임원이 알아야 할 구조

필자는 임원들이 조직생활에서 반복적으로 겪는 갈등의 뿌리를 다음 7가지로 정리하고 싶다.

R – E – S – W – R – R – C

Role · Experience · Skill · Way of work ·
Resources · Relationship · Character

1) 역할Role – 주주와 직원 사이에서의 책임

임원은 "조직을 책임지는 사람"이다. 팀, 본부, 회사 단위는 다르지만 **성과를 책임진다**는 공통점이 있다. 주주는 수익을 요구하고, 직원은 일·삶의 균형과 공정한 대우를 요구한다.

임원은 이 둘 사이에서 **위임받은 역할과 책임**을 수행한다. 이해관계가 충돌할 수밖에 없고, 노사 관계처럼 입장 차이가 분명한 영역에서는 갈등이 불가피하다. 역할 차이를 인정하지 않으면, "왜 저 사람은 내 편을 안 들어주지?"라는 감정의 갈등으로 번지기 쉽다.

2) 경험Experience – 세대와 기억의 간극
두 번째 뿌리는 **경험의 차이**이다.

- IMF·구제금융을 온몸으로 겪은 세대
- 주 6일 근무, 야근·주말근무가 일상이었던 세대
- 워라밸·주 40시간을 기준으로 자란 세대

서로 보는 세상이 다를 수밖에 없다. 과거의 경험은 신념을 만들고, 신념은 행동 기준이 된다. 이 신념이 지나치게 굳어지면 **확증편향** Confirmation Bias이 강해진다.

예를 들어, "나는 회사가 망하는 걸 봤다"는 임원은 비용과 리스크에 과민하게 반응할 수 있다. 반대로, 비교적 안정된 시대에 커리어를 쌓아온 구성원은 같은 상황을 훨씬 덜 위기라고 느낄 수 있다.

경험의 차이 그 자체가 문제가 아니라, **다름, 특히 개인의 경험을 인정하지 않을 때 갈등의 뿌리**가 된다.

3) 스킬Skill – 기술 수준의 격차

세 번째 뿌리는 **기술과 스킬의 수준 차이**이다.

- 엑셀을 자유자재로 다루는 직원
- 파이썬·SQL·노코드 툴로 자동화까지 하는 신입
- 아직 클라우드 협업, 전자결재, 협업툴에 서툰 임원

모두 "일을 잘하려는 사람들"이지만, 사용하는 도구와 언어가 다르다. 예를 들어, 클라우드 문서를 편집해 놓고 "원본은 남아 있습니다, 수정 이력도 다 보입니다"라고 설명해도 그 구조를 이해하지 못하는 임원은 불안을 느껴질 수 있다. AI, 클라우드, 협업 툴, 자동화 등 기술 변화 속도가 빠를수록 **스킬 격차는 곧 갈등의 온도가 된다.**

4) 업무 방식Way of work – 그레이 존gray zone에서 생기는 마찰

네 번째 뿌리는 **일하는 방식**이다. 여기에는 업무 분장까지 포함된다.

- "이건 누가 맡아야 하지?" 애매한 영역
- 선행 공정에서 제대로 정리하지 않고 넘기는 일
- "여기까지가 우리 팀 업무입니다"라는 경계 다툼

임원 레벨에서는 더 복잡하다. AI, 클라우드, 협업 툴, 자동화 등 기술 변화 속도가 빠를수록 스킬 격차는 곧 갈등의 온도가 된다. 이 갈등

의 본질은 '능력 부족'이 아니라, 서로 다른 도구 언어에서 비롯된 이해의 단절이다. 따라서 리더의 역할은 평가자가 아니라, 기술 격차를 공통 언어로 번역해주는 연결자이다. 스킬 차이를 방치하면 갈등이 되고, 설계하면 조직의 학습 자산이 된다.

- 성과 책임을 지는 임원들 사이의 KPI 충돌
- "누가 이 일의 책임자냐"를 둘러싼 미묘한 신경전
- 승진·평가에 영향을 주는 프로젝트성공/실패의 평가를 둘러싼 갈등

업무 방식과 분장은 눈에 잘 보이지 않는 곳에서 조직을 서서히 병들게 할 수 있다.

5) 자원Resources – 예산·인력·시간의 줄다리기

다섯 번째 뿌리는 **자원 배분 문제**이다.

- "성과가 나면 인력·예산을 늘려 주겠다"는 입장
- "투자를 먼저 해야 성과가 난다"는 입장

둘 다 일리가 있다. 그래서 갈등이 생긴다. 특히 관리와 실행 조직간의 자원 배분에 대한 인식 차이가 크다.

- 재무 vs 사업 및 대부분의 실행 조직 간의 갈등

- 영업 vs 생산·품질, 원가, 품질, 영업 간의 갈등
- R&D vs 생산, 연구개발, 설계와 생산 간의 갈등

대부분 **자원 배분의 관점 차이**에서 불꽃이 튀고, 거기에 역할·경험·성격이 섞이면 갈등은 더 복잡해진다.

6) 관계Relationship − 가장 다루기 어려운 뿌리

여섯 번째는 **관계**이다.

- 학연·지연·혈연
- 특정 라인재무 라인, 영업 라인, 회장실 라인 등
- 특정 무리, 사내 정치

관계는 때로 사람을 보호하지만, 성과보다 관계가 의사결정의 기준이 되는 순간 조직은 급속도로 신뢰를 잃는다.

관계 그 자체가 나쁘다는 것이 아니라, **성과·역량보다 관계가 우선될 때 가장 나쁜 형태의 갈등이 생긴다.**

7) 성격Character − 거의 바뀌지 않는 근원

마지막 일곱 번째는 성격이다.

• 빠른 사람 vs 느린 사람

• 새로움을 추구하는 사람 vs 안정 지향형 사람

• 직관 중심형 vs 데이터 중심형

• 일 중심형 vs 관계 중심형

같은 사실을 보고도 해석이 다르고, 일을 시작하는 속도·깊이·방식이 다르다. 성격은 타고난 부분이 크고, 바뀌기 어렵다.

그래서 **성격은 갈등의 뿌리 중 가장 다루기 힘든 영역**이다. 다만, 성격을 바꾸기 어렵다고 해서 손 놓고 있을 수는 없다. 우리는 성격이 아니라 "행동"을 통해 갈등의 간극을 줄여야 한다.

갈등을 성장의 에너지로 바꾸는 4단계 루틴

갈등을 성과와 성장의 자극제로 바꾸려면 그냥 "좋게 좋게 넘어가자"로는 부족하다. 필자는 임원들에게 다음의 **4단계 루틴**을 제안한다.

1단계. 갈등의 뿌리 진단하기

지금 겪고 있는 갈등이 7가지 뿌리 중 어디에서 주로 비롯되는가?

- 역할인가?
- 경험인가?
- 스킬인가?
- 업무 방식인가?
- 자원인가?
- 관계인가?
- 성격인가?

한 가지일 수도 있고, 둘 이상이 섞여 있을 수도 있다. **"무엇이 갈등을 키우는 뿌리인가?"를 보는 것**만으로도 감정이 조금 객관적으로 분리되기 시작한다.

2단계. 나를 먼저 성찰하기

갈등의 뿌리를 짚었다면, 이제 **내 쪽부터 들여다봐야 한다.**

- 나의 말과 행동은 어땠는가?
- 지금 이 갈등에서 내가 불편한 지점은 무엇인가?
- 결국 내가 얻고 싶은 것은 무엇인가?

자기 성찰이 부족한 사람일수록 조직에서 "외골수, 고집불통, 또라이, 4차원"이라는 평가를 듣기 쉽다. 갈등 상담 현장에서 보면, 문제의 상당 부분은 **갈등 당사자 본인이 자신을 잘 모를 때** 더 커진다.

그래서 첫 번째 해법은 언제나 "나에 대한 성찰"이다.

3단계. 상대에 대한 공감지도empathy map 그리기

다음 단계는 상대를 이해하려는 시도이다. A4 용지를 하나 꺼내 한 가운데에 갈등 상대의 이름을 쓰고, 주변에 다음을 적어본다.

- 그 사람이 요즘 듣고 있는 말은 무엇인가?

- 그에게 영향을 주는 사람_{조직 내 관계도}은 누구인가?
- 과거 나와 얽힌 사건_{좋은, 나쁜 경험}은 무엇인가?
- 그 사람이 얻고 싶은 것, 애로사항_{pain point}은 무엇인가?

갈등은 **사소한 과거 사건에서 비롯된 감정**이 해소되지 않은 채 남아 있다가 다른 이슈에 덧씌워져 나타난다. 경조사 등 개인적인 관심과 배려에 대한 서운함, 과거 의사결정이 나에게 미친 상처, 조직에서 경험하고 누적된 불공정감이다. 공감지도를 통해 사소한 경험을 정리하고 갈등 해결의 실마리를 찾아야 한다. 공감지도는 상대를 미화하는 작업이 아니라, **갈등의 맥락을 입체적으로 이해하기 위한 도구**이다.

4단계. 시나리오 플래닝과 AI를 활용한 구조화

마지막 단계는 대안과 시나리오를 준비하는 것이다.

- 이 갈등에서 상대가 어떻게 나올 수 있을까?
- 각 경우에 나는 어떤 언어로, 어떤 방식으로 대응할 것인가?
- 어떤 것은 내가 직접 해결할 수 있고, 어떤 것은 제3자의 도움이 필요한가?

머릿속으로만 생각하면 갈등은 대개 훨씬 더 복잡하고 큰 문제처럼 느껴진다. 그러나 노트에 적어 보면 '생각보다 단순한 문제'임을 깨닫는 경우가 많다. 이 과정에서 AI를 활용하는 것도 좋은 방법이다. 갈등 상황을 정리해 설명하고 "이 상황을 구조화해 달라", "내가 놓치고 있는 관점은 무엇인지 알려 달라"고 질문해볼 수 있다. AI는 갈등을 대신 해결해주지는 않는다. 그러나 문제를 구조화하고 언어화하는 데 매우 유용한 파트너가 될 수 있다.

갈등 유형별, 임원이 취해야 할 전략

이제 7가지 갈등의 뿌리를 기준으로 임원이 취할 수 있는 구체적인 전략을 정리해 보자.

1) 역할 갈등: "AI 프롬프트형 업무 지시"를 시도하라

역할에서 비롯된 갈등은 대개 **"서로의 위치가 다르다"**는 사실을 잊**을 때** 심해진다. 임원은 성과 책임자이고, 구성원은 자기 업무와 KPI에 집중한다. 이 차이를 인정한 뒤, 임원은 다음을 실천할 필요가 있다.

- 감정이 아닌 **원칙과 기준**으로 설명하기
- 직원에게 일 시킬 때

  "AI 프롬프트를 작성하듯" 구체적인 업무 지시를 해보기
  - 목적: 왜 하는가

- 기대 산출물: 무엇이 나와야 하는가
- 제약조건: 예산, 시간, 리스크
- 피드백 방식과 시점

상사에게 보고할 때도 마찬가지다. 데이터와 사례에 기반해 정리하면 불필요한 오해와 갈등을 줄일 수 있다.

2) 경험 갈등: "질문"으로 확증편향을 풀어라

경험 차이는 쉽게 사라지지 않는다. IMF, 장시간 노동, 해고와 구조조정을 통과한 세대의 기억은 단단한 신념이 된다. 이때 필요한 것은 "내가 옳다"는 주장보다 **내 경험이 지금 상황에서도 유효한가?**"를 묻는 질문이다.

"이 이슈를 요즘 세대의 눈으로 보면 어떻게 보일까?"

"내가 과거의 극단적 경험 때문에, 지금 상황을 과도하게 위기로 보는 것은 아닌가?"

경험이 만들어준 확신을 질문으로 한 번 흔들어 보는 것, 그것이 경험형 갈등을 푸는 출발점이다.

3) 스킬 갈등: 임원이 먼저 배우는 순간, 갈등은 안전해진다

기술 격차는 분명 갈등을 만든다. 그러나 다른 어떤 뿌리보다 **해결 가능성이 높다.**

임원이 할 일은 명확하다. 모르면 인정하고, 먼저 배우는 것. 후배에게 "이 기능 좀 가르쳐줘요"라고 말할 수 있는 용기. "나는 카톡 안 쓴다", "AI는 부정확해서 안 쓴다", "무조건 보안" 라는 선언형 거부를 피하는 것이다. 스킬 격차는 **학습과 겸손**으로 빠르게 줄일 수 있다. 임원이 먼저 배우는 모습을 보이면 조직 전체의 학습 분위기가 달라진다.

4) 업무 방식·분장 갈등: 협업·조정과 보상 구조

업무 방식과 역할 분장은 항상 갈등을 낳는다. 그레이 존 업무, 책임은 무겁고, 보상은 불투명한 일 "누가 더 많이, 누가 더 힘들게 일했나"에 대한 감정이다.

여기서 임원이 할 일은 세 가지다. **업무량·업무 난이도·성과 기여도를 객관적으로 보는 진단, 입장이 다른 사람의 의견을 확인하는 습관**, 그 진단을 토대로 **평가·보상·업무 재조정**을 설계하는 것이다.

열심히 하는 사람에게 정당한 평가와 보상이 돌아가지 않으면 갈등은 축적된다. 이 영역의 해결 키워드는 **협업·조정·제도 설계**이다.

5) 자원 갈등: 투명한 의사결정 프로세스

자원 배분에서는 뾰족한 묘수가 없다. 대신 **프로세스가 해법**이다. 자원 배분의 기준을 미리 합의하고, 그 기준에 따라 논의하며, 의사결정 과정을 가능한 한 투명하게 공유하는 것이다. "목소리 큰 사람이 이긴다", "직급이 깡패다"라는 말을 줄이려면 결국 **공개된 기준과 절차가**

필요하다. 공정한 자원 배분은 개인의 설득력이 아니라, 조직이 합의한 프로세스에서 나온다.

6) 관계 갈등: 성과 중심 인사와 개방형 관계

관계 갈등은 가장 다루기 어려운 영역이다. 학연·지연·혈연·라인·사내 정치… 완전히 사라지지 않을 것이다. 그러나 최소한 다음 두 가지 원칙은 지켜져야 한다.

- 성과와 역량을 우선하는 인사 원칙
- 관계를 폐쇄적으로 쓰지 않고 성과를 위한 개방형 네트워크로 활용하는 마인드

임원 스스로도 관계를 좁고 깊게만 가져가기보다, 다양한 사람과 연결되려는 노력이 필요하다. **관계를 통한 갈등은 "관계의 폭을 넓히고, 기준을 성과로 옮겨올 때" 줄어든다.**

7) 성격 갈등: 성격을 바꾸려 하지 말고, "행동 기대치"를 맞춰라

성격은 거의 바뀌지 않는다. 그래서 성격 자체를 바꾸려 들면 갈등은 더 깊어진다. 대신 이렇게 접근할 수 있다. "당신 성격이 문제입니다"가 아니라 "이 상황에서는 이런 행동을 기대합니다"라고 행동 수준에서 대화하는 것이다.

임원 간 갈등의 상당 부분은 사실 성격 그 자체보다 속도·깊이·위험 선호·관계 스타일에 대한 기대치 불일치에서 나온다. 서로의 성격을 존중하되, 어떤 회의는 누가 리드하고 어떤 의사결정은 어떤 기준과 속도로 진행할지에 대해 합의를 만들어 가야 한다.

이 질문을 꾸준히 던지는 리더는 **"확신의 리더"**에서 **"성찰의 리더"**로 이동한다.

갈등을 피하지 않는 임원이 혁신을 만든다

임원의 갈등은 어제오늘 일이 아니다. 단지 AI와 디지털 기술의 등장으로 **갈등의 새로운 요인**이 더해졌을 뿐이다.

- 기술 격차
- 세대·경험의 간극
- 일하는 방식의 변화
- 자원과 관계
- 그리고 성격

갈등의 뿌리를 이해하지 못하면 우리는 여전히 "사람 문제"라고만 말하게 된다. 그러나 뿌리를 알면 **어떤 갈등은 기술과 학습으로, 어떤 갈등은 제도와 설계로, 어떤 갈등은 성찰과 대화로** 풀 수 있다는 것이 보인다.

조직에서 갈등이 해결되지 않으면 혁신도 성장도 불가능하다. 그리고 그 출발점은 언제나 윗사람, **임원의 태도**에서 시작된다.

갈등을 피하지 않고, 갈등의 뿌리를 이해하며, 안전한 갈등을 설계하고, 그 갈등을 성장을 향한 에너지로 바꾸는 임원이 되어야 한다.

그런 임원이 있는 조직만이 AI 시대에 **혁신과 신뢰, 두 가지를 동시에 붙잡을 수 있다.**

6장

불안한 시대의 리더, 신뢰를 다시 배우다

송지은

불안한 시대의 리더, 숫자보다 무거운 침묵

몇 해 전, 한 임원과의 코칭 세션이 끝난 날이었다. 그는 자신의 리더
십 진단 결과지를 보다가 한참을 침묵한 끝에 입을 열었다.

"저희 직원들이 평가한 결과가 맞습니까? 저는 늘 직원들에게 공정
했다고 생각하는데요."

그는 높은 성과를 내는 조직을 리딩하던 리더였다. 그러나 '신뢰받는
리더십' 항목에는 낮은 점수가 찍혀 있었다. 그 순간의 침묵은 숫자로
표현할 수 없는 무게가 있었다.

현장에서 만난 많은 리더들이 그랬다. 성과로 승진했고, 판단력으로
인정받은 사람들이었다. 그들은 대부분 진심이었다. 조금 억울하고, 조
금 당황한 얼굴로 이렇게 말했다.

"저는 늘 직원들의 입장을 생각하면서 의사결정을 했습니다." "제가
직원들에게 얼마나 잘하려고 노력했는데요."

그러나 신뢰의 문제는 언제나 **의도의 문제가 아니라, 인식의 문제**였

다. 리더는 자신이 신뢰받는다고 믿지만, 사람들은 그 리더의 다음 판단을 **예측하지 못할 때** 불안을 느낀다.

AI가 업무의 언어를 바꾼 시대에, 리더의 불안은 더욱 미묘해지고 있다. 데이터는 모든 것을 예측할 수 있을 것처럼 말하지만, 사람의 마음은 그 속도를 따라가지 못한다. 그 간극 속에서 리더는 흔들린다. 예전보다 더 많이 통제하고, 더 자주 확인하며, 더 세밀하게 관여하려 한다. 그러나 그럴수록 조직의 신뢰는 조금씩 빠져나간다.

AI는 리더의 자리를 대신하지 않는다. 다만, 리더가 자신을 다시 볼 수 있게 한다.

"나는 무엇을 두려워하고 있는가?"

"이 결정의 근거는 충분한가?"

"이 설명은 상대방의 신뢰를 이끌어낼 수 있을까?"

AI는 정답을 주지 않는다. 대신, **묻는 법을 가르친다.** 그 질문을 반복하는 리더는 **확신이 아니라 성찰로 사람을 이끈다.** AI는 신뢰의 방식도 바꾸고 있다. 성과는 숫자가 증명하지만, 신뢰는 여전히 사람이 증명해야 한다. 리더십의 본질은 더 빠른 계산이 아니라, **더 깊은 설명의 언어**에 있다.

신뢰는 따뜻함이 아니라 구조다. 그리고 그 구조를 설계하는 일, 그것이 바로 리더십이다.

신뢰의 착시: 성과는 높은데, 왜 신뢰는 낮을까

리더십 진단 데이터를 보면 흥미로운 역설이 반복된다. **성과를 지향**

하는 리더십에 대한 점수는 높은데, '신뢰받는 리더십' 항목은 낮다. 처음엔 예외처럼 보이지만, 여러 조직의 데이터를 모아보면 오히려 이 패턴이 규칙처럼 나타난다. 성과와 신뢰가 반드시 함께 가지는 않는다. 이것이 오늘날 리더십의 출발점이다.

리더는 자신이 신뢰받는다고 믿는다. 그러나 구성원은 그 리더의 다음 행동을 예측하지 못할 때 불안을 느낀다.

"나는 진심이었다"는 리더의 확신과 "왜 저런 결정을 내렸는지 모르겠다"는 구성원의 인식 사이에는 늘 보이지 않는 간극이 존재한다. 성과는 눈에 보이지만, 신뢰는 **사람들의 인식 속에서만** 작동하기 때문이다.

리더가 성과를 내는 방식은 대개 자신이 믿는 원칙에서 비롯된다. 문제는 그 원칙이 **일관되게 공유되지 않는다는 점**이다. AI 시대의 업무 환경은 빠르고 복잡하다. 정보가 비대칭적으로 흐를수록 리더의 판단은 **의도보다 맥락으로 평가**받는다.

리더십 진단 결과에서도, 자기평가와 타인평가의 간극은 크게 나타난다. 자신을 '공정하고 합리적인 리더'로 인식하지만, 구성원은 '거리감 있고 예측 불가능한 리더'로 평가한다. 이는 리더십 심리학에서 말하는 **인지의 불일치 현상**이다.

Korn Ferry의 글로벌 조사에 따르면, 상위 10% 리더의 64%가 자신을 '신뢰받는 리더'라고 평가했으나, 그들의 직원들중에서서 동일하게 답한 비율은 27%에 불과했다. 리더는 "얼마나 진심으로 대했는가"를 기억하지만, 직원들은 "그 진심이 얼마나 일관되게 전달되었는가"를 기억한다.

- 리더의 기준: 나의 진심, 나의 의도
- 직원의 기준: 그 진심이 드러난 패턴, 일관성, 예측 가능성

불안이 높아질수록 통제가 강해지는 조직의 역설

리더는 불확실한 시대에 누구보다 많은 압박을 받는다. 성과를 유지해야 하고, 변화를 이끌어야 하며, AI처럼 빠르게 움직이는 기술 환경 속에서 "뒤처지지 말아야 한다"는 불안이 늘 존재한다.

이 불안은 때로 리더십의 방향을 바꾼다. **불안할수록 리더는 통제하려 하고, 통제할수록 조직은 위축된다.**

통제는 리더에게는 안정감을 준다. 그러나 조직의 관점에서 그 통제는 불신의 신호가 된다. 통제의 출발점은 대개 선의다.

"혹시 놓칠까봐."

"혹시 실패할까봐."

그러나 반복된 간섭은 구성원의 자율성을 약화시키고, 결국 리더 자신도 "모든 것을 내가 확인해야 한다"는 피로 속에 갇힌다. AI가 업무의 효율을 높이는 시대일수록, 리더는 사람의 자율을 지키는 기술이 필요하다.

AI 시대, 불안을 다루는 리더의 방법

AI가 리더십의 언어를 바꾸고 있다. 데이터가 많은 것을 알려주는 듯

하지만, 결국 중요한 것은 **리더가 그 데이터를 어떻게 해석하느냐이다.**

불안을 부정하지 않고, 스스로 묻는 리더는 성장한다. 리더는 **의사결정 전에 스스로 한번 더 고려해봐야할 사항에 대한 체크 리스트를 만들고, AI와 대화할 수 있다.** 그 과정을 통해 불안의 실체를 들여다보고 자신만의 방향성을 잡아갈 수 있다.

의사결정 하기 전에 한번 더 생각해보아야 할 체크 리스트

- 이 결정은 누구에게 영향을 미치는가?
- 이 기준은 모두에게 공정하게 작동하는가?
- 내가 설명하지 않아도, 조직의 구성원들은 이 판단의 이유를 이해할 수 있을까?

AI는 리더를 대신하지 않는다. 다만, 리더가 스스로를 더 정직하게 바라보도록 돕는다. 자신의 불안을 직면하는 리더, 그리고 그 불안이 아니라 **원칙으로 조직을 이끄는 리더.** 그들이 바로 **신뢰의 구조를 설계하는 리더다.**

신뢰의 진짜 언어:
좋은 사람보다 '안정감을 주는 리더'

리더의 하루는 수많은 회의와 보고로 채워진다. 임원은 팀장처럼 직원들과 깊이 대화할 시간조차 없다. 그렇다고 신뢰 형성을 포기할 수는 없다.

임원의 신뢰는 "관계의 양"이 아니라 "패턴"으로 만들어진다. 단 한 줄의 이메일, 한 번의 회의 발언이 수십 명의 인식에 각인된다. 신뢰란 결국 이런 확신에서 비롯된다.

"이 사람은 비슷한 상황에서 비슷한 기준으로 판단할 것이다."

회의에서 반복되는 질문, 보고서에서 빠지면 반드시 되묻는 문항, 전사 메시지에서 꾸준히 강조하는 키워드. 이 모든 것이 **신뢰의 신호**다. 예측 가능한 패턴은 구성원에게 안정감을 주고, 그 리더의 판단을 "믿을 수 있는 기준"으로 기억하게 만든다.

많은 리더가 이렇게 말한다.

"저는 사람들에게 친절하지 않아서 오해받는 것 같습니다."

그러나 신뢰는 **친절의 문제가 아니다.** 오히려 신뢰받는 리더는 이렇게 말한다.

"모두에게 친절할 수는 없지만, 모두에게 같은 기준을 적용합니다."

"공정이란 특정인을 위한 배려가 아니라, 원칙에 따른 판단입니다."

신뢰는 따뜻함보다 **일관성을 가진 리더에게서 나타나는 안정감**에서 비롯된다. 감정을 숨기라는 뜻이 아니다. 다만 **감정보다 기준이 먼저여**야 한다는 뜻이다. 공정성과 예측 가능성이 쌓이면, 구성원은 리더의 인간적 한계조차 "이해 가능한 영역"으로 받아들인다.

신뢰의 구조: 공정성·투명성·책임 이행 세 축

리더십의 본질은 이제 '믿음'이 아니라 '설명'에 있다. 성과를 내는 리더보다, **납득을 이끌어내는 리더**가 필요한 시대다.

조직은 더 이상 리더의 의도를 추측하지 않는다. 대신, 이렇게 묻는다.

"이 결정은 얼마나 공정하게 내려졌는가?"

"이 과정은 얼마나 투명하게 공유되었는가?"

"이 결괴에 대해 누가 어떤 책임을 지는가?"

신뢰의 구조는 세 축으로 설계할 수 있다.

- 공정성Fairness − 신뢰의 첫 번째 문턱

- 투명성Transparency − 신뢰의 온도를 바꾸는 힘

- 책임 이행Accountability − 신뢰를 지탱하는 하중

공정성 — 신뢰의 첫 번째 문턱

공정성은 신뢰의 시작이자, 가장 자주 오해되는 개념이다. 많은 리더가 이렇게 믿는다.

"성과에 따라 보상하는 것이 공정하다."

그러나 그러나 구성원들은 대부분 '기준에 대해서 예측이 가능할 때' 공정하다고 느낀다. 예측이 가능하다는 것은 기준을 모두가 알고 있고, 그 기준에 따라 '납득 가능한' 결과가 결정되었다고 생각할 때 '공정하다'라고 이야기한다.

Deloitte의 Trustworthy AI 프레임워크는 공정성을 "모든 이해관계자가 동일한 기준으로 평가받을 수 있는 구조적 일관성"으로 설명한다. 이는 알고리즘 윤리의 원칙이지만, 리더십 판단에도 그대로 적용된다.

현장 피드백을 모아보면 '공정한 리더'라고 평가된 임원들은 성과에 따라 사람을 다르게 대하지 않는다기보다, **기준을 먼저 공유하고**, 그 안에서 **일관되게 판단**했다.

공정성은 **결과의 균등**이 아니라, **절차의 일관성**이다. 그리고 그 일관성이 신뢰의 첫 번째 축을 세운다.

투명성 — 신뢰의 온도를 바꾸는 힘

AI가 데이터를 기반으로 판단을 보조하는 시대일수록, 리더는 이렇게 질문을 받게 된다.

"왜 이런 의사 결정이 이루어졌는가?"

투명성은 모든 정보를 공개하는 것이 아니다. **의사 결정의 맥락과 이**

유를 **설명하는 일**이다.

Gallup의 글로벌 보고서에 따르면, 결정 과정이 명확하게 공유된 조직은 그렇지 않은 조직보다 직원 신뢰도와 몰입도가 유의미하게 높았다.

의사결정의 속도가 빠르고 추진력도 뛰어났지만, 조직을 이끄는 과정에서는 어려움을 겪고 있던 한 임원이 있었다. 여러 차수에 걸쳐 해당 임원의 코칭을 진행하면서 공통적으로 확인된 점은, 직원들이 "의사결정의 이유가 충분히 공유되지 않는다", "결정된 내용을 실행하라는 지시만 있어 맥락을 이해하기 어렵다"라는 인식을 갖고 있다는 것이었다.

그 임원은 자신의 속도를 강점이라 여겼지만, 구성원들에게는 그것이 불투명한 권한 행사로 비쳐지고 있었다. 이후 그는 중요한 의사결정마다 '이 결정의 이유'를 한 마디씩 덧붙이기 시작했다. 그 변화는 조직 분위기를 눈에 띄게 바꾸어 놓았다. 설명은 통제의 언어가 아니라, **신뢰의 언어**이기 때문이다.

책임 이행 — 리더의 무게 중심

공정성과 투명성이 신뢰의 구조를 세운다면, 책임을 이행하는 것은 그 구조를 지탱하는 **하중**이다.

Korn Ferry의 보고서는 고성과 조직의 공통 요인으로 리더의 책임 일관성consistency of accountability을 제시한다. 조직의 목표 달성 여부보다, 리더가 자신의 판단과 선택에 **어떻게 책임지는가**가 신뢰의 지속성을 결정했다.

오랜 시간 임원의 자리에서 존경을 받아왔던 한 임원이 코칭 세션에서 이런 인상적인 말을 남겼다.

"의사결정의 무게를 감당한다는 것은, 그 결정이 틀릴 수도 있음을 인정하는 일입니다."

책임은 사과의 언어가 아니라, 설계의 언어다.

리더가 "이 결정의 책임은 제게 있습니다"라고 말하는 순간, 조직은 그 사람의 **다음 판단을 믿을 준비**를 하게 된다.

세 축이 균형을 이룰 때

세 축은 서로 연결되어 작동한다. 공정성이 있어도 투명성이 없으면, 사람들은 여전히 불신한다. 투명성이 있어도 책임이 없으면, 리더십은 쉽게 흔들린다.

균형이 잡힌 조직은 **예측 가능성과 심리적 안전감**이 함께 존재한다. 리더는 그 안에서 **판단의 중심**으로 기능하고, 구성원은 그 기준을 학습하며 자율적으로 움직인다.

신뢰의 축별, 임원 실행 예시

- 공정성
  - 평가·보상 기준을 연초에 공지하고 중간에 바꾸지 않는다.
  - 동일한 실수에는 누구에게나 같은 수준의 피드백을 준다.
- 투명성
  - 주요 결정이 이루어 진 후 결정의 이유를 덧붙여서 설명한다.
  - 불확실할수록 결정의 방향성과 원칙을 공개한다.
- 책임 이행

◦ 실패 시 구성원보다 먼저 책임을 인정한다.

◦ 결과가 좋지 않아도 판단의 근거와 배운 점을 공유한다.

AI는 신뢰의 기준을 **감정에서 구조로** 이동시켰다. Deloitte는 이를 설명 가능한 공정성explainable fairness이라 부른다. AI가 아무리 정확해도, 과정이 설명되지 않으면 신뢰는 생기지 않는다.

리더십도 마찬가지다.

이제 중요한 것은 **결정의 정답**이 아니라, **결정의 근거와 책임의 일관성**이다. AI가 빠른 판단을 내리는 시대일수록, 리더는 **'왜'를 설명하고 '어떻게'를 반복**해야 한다.

공정성·투명성·책임 이행은 더 이상 개인의 덕목이 아니라, **조직 시스템의 운영 로직**이다. 이 로직이 작동할 때, 리더는 구성원의 믿음 위에서 결정할 수 있고 조직은 리더의 불안을 대신 견디는 힘을 갖게 된다.

신뢰가 무너지는 이유: 리더십 드레일먼트

드레일먼트: 리더십의 그림자를 마주하기

리더십은 성장의 궤적과 함께 언제나 **위험의 그림자**를 남긴다. 성과가 높을수록, 권한이 커질수록, 리더는 자신이 세운 성공의 방식에 확신을 갖게 된다. 그러나 바로 그 확신이 **신뢰의 균열**을 만들 때가 있다.

리더십의 실패는 대개 무능에서 시작되지 않는다. 대부분 **"잘하려는 마음이 과도하게 작동할 때"** 일어난다.

드레일먼트란 무엇인가

드레일먼트derailment는 본래 철도 용어에서 유래했다. '탈선'을 뜻하지만, 리더십에서는 고성과·고잠재력을 보이던 리더가 성과·평판·관계 측면에서 점차 무너지는 현상을 말한다.

즉, 더 성장해야 할 리더가 지속적인 부정적 패턴 때문에 성과를 내지 못하고, 결국 리더십이 '탈선'하는 과정이다.

초기에는 유능해 보였으나 스트레스 상황, 관계 갈등, 모호성, 변화기에서 특정 행동 패턴이 강화되며, 성과 하락 → 관계 악화 → 신뢰 상실 → 역할 축소 → 좌초되는 흐름을 나타낸다.

보통 리더십 드레일먼트는 능력 부족보다 성향과 감정의 왜곡된 작동으로 '특정 행동 패턴이 반복되면서' 스스로 무너지는 형태를 나타낸다.

리더십 드레일대표적인 유형은 다음과 같다.

- **자기과신**Narcissism: "나는 늘 옳다"는 확신이 대화의 문을 닫는다.
- **과도한 통제**Micromanaging: 불안을 통제로 덮으려다 조직과 구성원들의 자율을 잃는다.
- **공격적 방어성**Defensiveness: 피드백을 위협으로 느끼고 자신을 보호한다.
- **관계적 회피**Relational avoidancet: 감정 소모를 줄이려다 관계가 식는다.
- **지나친 완벽주의**Maladaptive perfectionism: 완벽을 추구하다 조직의 추진력이 떨어진다.

이리한 성향은 '잘하려는 마음'이 과도하게 발휘되면서 나타난다. 리더십 리스크는 대부분 무언가를 더 잘해보려고 하는 마음에서 하는 행동과 발언이 지나친 경우overdone 나타나는 과잉의 문제이다. 잘 해보려던 것이 유독 꼬인다고 생각할 때, 내 마음같지 않게 직원들이 다른 반응을 보일 때, '혹시 나의 드레일먼트가 발현되고 있는 것이 아닐까'라는 의심을 해볼 필요가 있다.

자기과신과 AI 시대의 불안

임원들은 자기 확신 수준이 팀장들보다 높게 나타나는 경향이 뚜렷하다. 조직은 스스로를 믿는 사람에게 더 큰 권한을 부여하기 때문에, 이러한 결과는 어찌 보면 자연스럽다. 그러나 그 확신이 일정 수준을 넘어서면, 더 이상 리더십의 동력이 아니라 오히려 신뢰를 잠식하는 요인이 되기도 한다.

문제는 자기과신이 종종 '성과'와도 연결된다는 점이다. 강한 확신으로 조직을 이끄는 리더는 빠른 판단과 강한 추진력을 발휘하고, 실제 데이터에서도 자기확신이 높은 리더가 성과를 높게 평가받는 경우는 적지 않다. 이 때문에 리더 본인 역시 자신의 확신을 더욱 강화하게 되는 순환에 들어가게 된다.

그러나 차이를 만드는 것은 '확신의 크기' 그 자체가 아니라, 그 확신을 조절하는 자기인식self-awareness이다. 자신의 판단을 점검하고, AI나 동료와 교차 검증하려는 리더는 자기확신을 리스크가 아닌 전략적 동력으로 전환한다. 반대로 자기확신이 자기인식 없이 작동할 때, 그것은 쉽게 자기과신으로 변질된다.

AI 전환기에 들어선 임원들은 이전 세대보다 훨씬 더 큰 판단 불안을 경험한다.

"내 판단은 여전히 유효한가?"

"AI가 내 결정보다 더 정확하지 않은가?"

"만약 내가 틀렸다면, 리더십은 어떻게 설명될 수 있을까?"

이러한 불안이 자기인식으로 이어질 때는 학습이 되지만, 그렇지 못할 경우 통제 욕구로 전환되기 쉽다. 그리고 이 통제는 다시 조직의 신뢰를 약화시키는 방향으로 작동한다.

회의를 직접 주재하고, 보고를 세밀히 검토하며, "내가 다 알아야 안심된다"는 심리가 리더십의 언어가 된다. 그러나 이런 통제는 의도와 달리 신뢰를 약화시킨다.

구성원은 이렇게 느낀다.

"내 리더는 나를 믿지 않는다."

리더는 이렇게 혼란스러워한다.

"조직 구성원들이 왜 내 기대를 따라오지 못하지?"

여기서 필요한 것은 "통제를 줄이라"는 단순한 조언이 아니다. 오히려 **불안을 인식하고 구조화하는 능력**, 즉 "지금의 불안이 합리적인가?"를 묻는 자기 점검 루틴self-check loop이다.

AI는 이 루틴을 돕는다. 의사결정 패턴과 개입 빈도를 시각화하면 "특정 상황에서 과도하게 개입하는구나", "특정 피드백에는 방어적으로 반응하네"와 같은 자기 통찰을 얻게 된다.

AI는 불안을 없애주지 않는다. 대신 그 불안을 **언어화하고, 관리 가능하게 만드는 도구**가 된다.

신뢰 회복: 리더를 다시 세우는 질문과 루틴

드레일먼트 리스크는 대체로 다음 단계를 밟는다.

- 성과 중심기: 확신과 추진력으로 빠른 성과를 만든다.
- 확신의 과잉기: 피드백을 덜 듣고 기준이 절대화된다.
- 관계적 단절기: 구성원들이 의견을 내지 않는다.
- 신뢰 붕괴기: 예측 불가능한 리더로 인식되며 고립된다.

그러나 드레일먼트가 곧 **몰락**을 의미하지는 않는다. 조기 인식과 개입이 이루어지면, **회복 과정**이 시작된다. 이때 핵심은 문제를 곧장 고치는 행동보다, **리스크를 인식하고 인정하는 태도**다.

한 신임 임원은 리더십 진단의 결과지를 보면서 체념 섞인 어조로 이렇게 말했다.

"이건 제 부족함이 아니라, 제 진심이 잘 전달되지 않은 거겠죠."

그 말에는 억울함과 방어심이 섞여 있었다. 그러나 리더십 코칭을 여러 차수 진행하면서 스스로에 대해 질문하고, 고민하는 과정을 통해 그는 이런 이야기를 했다.

"그런데 생각해보니, 저도 직원들의 생각에는 크게 관심을 가져보지 않았던 것 같습니다. 일이 잘 되게 하는 것이 우선이라고 생각해서, 일이 되게 하는 방향만 고민해 봤던 것 같습니다. 그걸 수행하는 직원들에게 어떻게 소통할지에 대해서는 깊이 있게 고민해 보지 않았다는 생각이 듭니다."

그 인식의 순간이 전환점이었다. 신뢰 회복은 **행동보다 자기인식에서** 시작된다. 리더는 자신의 불안, 통제 욕구, 나르시시즘적 확신을 객관적으로 들여다볼 때 비로소 변화를 설계할 수 있다.

일기를 쓰면서 기록하고 성찰하거나, AI와의 대화를 통해 스스로 감정 반응과 언어 패턴을 기록·추적하면, 감정의 흐름을 **수치로 인식**하는 데 도움이 된다.

드레일먼트를 막는 다섯 가지 자기 점검 질문

- 나는 지금 무엇이 두려운가?

  → 불안을 인식하는 출발점

- 이 결정은 누구에게 영향을 주는가?

  → 관점 확장을 통한 판단 교정

- 최근 내 피드백 중 방어적이었던 순간은 언제였나?

  → 감정의 패턴 자각

- 나 없이도 팀이 잘 돌아가고 있는가?

  → 과도한 통제 여부 점검

- 내 판단의 근거는 데이터인가, 감정인가?

  → 확신의 근원을 구조화

이 질문을 꾸준히 던지는 리더는 '확신의 리더'에서 '성찰의 리더'로 진화한다.

신뢰 리스크에서 성장으로 — 회복의 프레임

드레일먼트는 실패가 아니라, **리더십의 숙명적 과정**이다. 조직의 속도가 빠를수록, 리더의 감정이 그 속도를 따라가지 못하면 균열은 자연스럽게 발생한다. 문제는 그 균열을 **감추느냐, 다루느냐**다. 신뢰 리스크를 성장으로 전환하는 리더는 다음의 3단계를 거친다.

- **자각**Awareness: 나에게도 리스크가 있음을 인정한다.

- **언어화**Articulation: 그 리스크가 언제, 어떤 상황에서 작동하는지 구체화한다.

- **조정**Adjustment: 불안이나 확신을 객관화하고, AI·피드백·코칭 등 외부 시스템과 연결한다.

이 3단계는 AI 시대 리더십이 요구하는 **자기인식**self-awareness**과 메타인지**metacognition**의 기반**이다.

결국 신뢰는 리더가 완벽해지는 일이 아니라, **불완전함을 투명하게 관리할 줄 아는 능력**에서 자란다.

신뢰 이후의 리더십: 다시 믿음을 쌓는 회복 리더십

AI가 리더십의 언어를 바꾸었지만, 리더십의 본질은 여전히 **사람의 인식 속**에 있다. 데이터가 정확해질수록, 리더의 태도는 더 섬세해야 한다. 성과는 시스템이 증명하지만, 신뢰는 여전히 **리더 개인의 행동이 증명**한다.

AI는 리더의 불안을 대신 없애주지 않는다. 다만 더 정확하게 비춰준다. 리더가 그 불안을 **관리 가능한 언어로 구조화**할 때, 조직은 다시 균형을 찾는다.

AI 이후의 리더십은 **기술의 문제가 아니라 태도의 문제**다. 빠른 판단보다 **설명의 언어**, 강한 통제보다 **공정한 기준**, 완벽함보다 **일관된 책임**이 중요해진다.

AI가 아무리 정교해져도 "이 결정이 옳다"고 말하는 일은 여전히 사람의 몫이다. 리더십의 미래는 **완벽한 데이터가 아니라, 예측 가능한 신뢰 위에서** 세워진나.

7장

관계-연결-실천-성과: AI 시대 리더십의 4중 구조

이재실

기술보다 관계Relation가 성과를 결정한다

AI와 자동화가 보편화된 지금, 기업의 경쟁 방식은 완전히 달라지고 있다. 알고리즘이 판단을 대신하고, 생성형 AI가 콘텐츠를 만들며, 자동화 라인은 더 많은 업무를 수행한다. 이제 임원의 역할은 단순한 **관리자·전략가**가 아니라, **데이터 기반의 통찰력 + 인간 중심의 감성 리더십**을 결합한 **통합 설계자**로 확장된다.

특히 AI 기반 예측·시뮬레이션·트렌드 분석을 활용해 조직의 **미래 방향성을 설계**하고, **지속 가능한 성장 구조를 조정**하는 능력이 필수가 되었다. ESG·민첩성·협업 중심의 리더십이 강조되는 이유도 여기에 있다. 이제 임원은 '무엇을 결정할 것인가'보다 '어떤 기준으로 결정하게 할 것인가'를 설계하는 사람이다. AI 시대의 경쟁력은 기술 보유가 아니라, 판단 구조를 어떻게 디자인하느냐에서 갈린다.

AI 시대 임원의 5대 역량

- **신뢰 구축자** Architecture of Trust

  관계의 온도를 설계하고 심리적 안정감을 조성하며, 조직의 신뢰 자본을
  축적하는 능력.

- **연결 디자이너** Designer of Connection

  사람-프로세스-시스템-AI를 하나의 협업 구조로 통합 설계하는 능력.

- **의미 해석자** Interpreter of Meaning

  AI·기술 언어를 구성원의 언어로 번역해 방향성을 공유하는 능력.

- **학습 촉진자** Facilitator of Learning

  연결을 기반으로 학습 루프를 만들고, 집단지성을 확장하는 능력.

- **성과 생태자** Ecologist of Performance

  관계R-연결C-성과P의 선순환을 설계해 성과 생태계를 구축하는 능력.

결국, **AI 시대의 임원은 기술·데이터·관계를 통합적으로 디자인하고
실천으로 이끄는 존재다**. 데이터로 방향을 잡고, 감성으로 사람을 움직
일 때 비로소 리더십은 완성된다.

1) 관계는 미래 경쟁력의 새로운 설계 변수이다

AI와 자동화가 평준화된 시대, 기업을 진짜로 구분 짓는 요소는 기술
이 아니라 관계의 품질Relational Quality이다. 관계는 단순한 감정적 유대
가 아니라, **사람-시스템-AI-조직**이 신뢰를 기반으로 목적을 공유하며
상호작용하는 **구조적 연결망**이다.

관계가 건강할수록 정보는 빠르게 흐르고, 판단은 정교해지고, 실행은 민첩해진다. AI가 데이터를 예측한다면, 관계는 방향을 통합하는 '의미 해석 엔진'이다. 따라서 관계는 더 이상 부드러운 영역이 아니라, **경쟁력을 설계하는 전략 요소**다.

2) 관계의 질이 혁신의 속도와 깊이를 결정한다

혁신은 기술로 시작되지만, **관계로 완성된다.** 아무리 뛰어난 AI 분석도 그 결과를 해석하고 실행하는 주체는 결국 '사람'이다.

관계의 질이 높을수록 협력 속도는 빨라지고, 학습은 가속화되고, 실패는 성장의 연료가 된다.

반대로 관계의 질이 낮으면 데이터가 많을수록 오히려 소통은 왜곡되고 의사결정 속도는 늦어진다.

AI 시대 임원은 **신뢰 구축자 + 연결 디자이너**로서 감정적 신뢰와 구조적 협업을 동시에 설계해야 한다.

3) 관계 생태설계가 지속 가능한 미래를 만든다

AI 시대 관계는 '공존'이 아니라 '순환'이 핵심이다. 조직은 관계를 전략적으로 설계하고, 끊임없이 순환시키는 생태계 구조를 갖춰야 한다.

신뢰 자본 구축Trust Capitalization

- 심리적 안정감 제도화: 차이를 허용하며 회의 시 "이 공간은 실험의 공간"이라는 리더 언어의 표준화
- 의사결정과 지표의 투명화: AI 기반 대시보드를 활용한 정보 공개
- 행동 규범 내재화: 약속 준수·결정 설명·성과 공유 등 신뢰 행동의 문화화

→ 신뢰는 감정이 아니라, 구조로 설계되는 시스템 자산이다.

관계 네트워크 재구조화Connection Reengineering

- 관계지도Connection Map 설계: 사람–부서–AI의 연결 흐름 시각화 → 병목 파악 → 협업 동선 재설계
- 교차접속Cross-Connection 회의 운영: 부서·세대·역할 간 연결 강화
- AI 기반 협업 플랫폼 구축: Slack·Notion·GPT를 통한 개방형 데이터 순환

→ 관계는 감정의 문제가 아니라 **구조의 문제**임을 실천한다.

관계 생태계 경영Relational Ecology Management

- RCP 지표Relation–Connection–Performance 운영: 신뢰·협업·성과를 동시에 측정하는 새로운 KPI 설계
- 성과 생태계 회의: 성과–관계–학습의 순환 루프를 회의 구조에 내재화
- 실천 루프 적용Plan–Connect–Learn–Integrate–Evolve: 실행과 학습을 결합해 '관계–성과–성장'의 순환 구조 조직화.

관계는 '관리의 대상'이 아니라 **순환의 구조**다. AI 시대 임원은 기술보다 **관계를 경영하는 사람**이다. 기술은 빠르게 진화하지만, 관계는 오

래 남는 경쟁력이다.

현장 사례: 동일한 자동화 설비인데, 왜 성과는 다르게 나타났는가?

D자동차 부품 제조사의 두 사업장에 동일한 자동화 라인을 같은 시기에 도입했다.

6개월 후 결과는 극명했다.

- A사업장: 생산성 6% 상승
- B사업장: 생산성 17% 상승

성과 차이를 만든 경영 방식의 차이

구분	A 사업장	B 사업장
접근	공정·기술 중심	사람-프로세스-기술 통합
운영	설비 책임자 단독 관리	작업자·엔지니어·품질·데이터팀 공동 운영
의사결정	상향식 보고 후 승인	실시간 정보 공유·현장 미팅
소통	지시-수행	참여·학습 루프

결과적으로 성과 차이를 만든 것은 **기술이 아니라 관계·학습·협업 구조**였다. 그래서 AI 시대 임원은 **기술 도입자**가 아니라 **신뢰 구축자·관계의 장인·협업 생태 디자이너**로 변화해야 한다.

연결Connection은 관계를 넘어선
구조적 생명체이다

연결Connection은 조직 내·외부의 **자원·역량·정보·사람**을 전략적으로 연계하여 **성과와 혁신을 만들어내는 행위**이다. 이는 단순한 관계가 아니라, **관계의 효율을 극대화하는 시스템적 협업 구조**다.

AI 시대 조직은 네트워크에 머물지 않는다. 넘쳐나는 데이터 속에서 차이를 만드는 것은 '연결의 양'이 아니라 '연결의 질'이다. 연결은 사람과 기술, 정보와 가치가 서로 영향을 주고받는 **살아 있는 구조적 생명체**이며, 이 생명체의 에너지는 사람H-의미M-가치V라는 **세 가지 축**에서 발생한다.

사람은 연결을 움직이는 주체이고, 의미는 연결의 방향을 결정하며, 가치는 연결이 지속될 이유를 만든다. 이 세 축이 정렬될 때 연결은 단발성 협력이 아니라 조직의 성과를 증폭시키는 전략 자산으로 진화한다.

HMV 모델: 연결을 살아 움직이게 하는 세 축

HMV의 구조적 역할

구분	정의	역할
사람(Human)	감정·신뢰·협력의 주체	연결의 시작점이며, 감각적 감지의 근원
의미(Meaning)	방향과 존재 이유	연결의 목적을 정의하고 행동을 정렬
가치(Value)	결과와 영향	연결 성과를 측정하고 지속가능성 확보

이 세 축은 정적인 구조가 아니다. **사람이 의미를 감지 → 의미가 가치를 만들고 → 가치가 다시 사람에게 환류**될 때, 연결은 단순 협업이 아니라 **조직의 생명 리듬**이 된다.

연결이 생명체처럼 작동하기 위해서는 **4단계 절차적 흐름, 감지→이해→공유→통합**이 반드시 필요하다. 이 흐름은 인간의 인식 과정이면서, 조직 실행의 구조이기도 하다.

연결이 살아 움직이는 4단계 절차

1) 감지Sensing: 변화의 신호를 읽는 단계

감지는 모든 연결의 출발이다. 상황의 변화, 감정의 변화, 데이터의 흐름을 **감각적으로 읽어내는 능력**이다.

- 임원: AI 기반 대시보드를 통해 시장·성과 변화를 실시간 감지

• 현장 리더: 분위기·침묵·감정 데이터 등 비가시적 신호 감지

핵심 질문은 **"지금 내 주변에서 무엇이 달라지고 있는가?"**, 연결은 데이터가 아니라 **감각을 깨우는 것에서** 시작된다.

2) 이해Understanding: **신호를 해석하고 의미를 정렬하는 단계**

감지가 '무엇이 일어났는가'라면, 이해는 '왜 일어났는가'를 해석하는 과정이다. 여기서 **AI의 분석력과 인간의 통찰력**이 결합된다.

• AI: 패턴 분석·예측
• 리더: 조직 맥락에서 의미와 의도 해석
• 조직: 정기적 데이터 해석 회의Data & Meaning Meeting를 통해 방향 정렬

핵심 질문은 **"이 변화는 조직에 어떤 의미를 주는가?"**, AI는 데이터를 분석·설명하고, 인간은 의미를 해석한다.

3) 공유Sharing: **의미를 순환시키는 단계**

이해한 것을 혼자만 알고 있으면 연결은 멈춘다. 공유는 단순한 정보 전달이 아니라 의미의 공명Resonance이다.

• AI 기반 숫자·패턴 → 리더가 공감적 언어로 재해석해 전달
• 공유 워크숍Meaning Share Workshop 운영→부서간 상황 교환
• 비난이 아닌 '탐색 중심 피드백' 문화 조성

핵심 질문은 **"이 내용을 누구와, 어떻게 공유해야 협업 온도가 올라 갈까?"**, 공유는 연결의 속도와 협업의 온도를 결정한다.

4) 통합Integration: 새로운 가치를 창출하는 단계

통합은 연결의 완성으로, 서로의 해석과 데이터를 결합해 새로운 구 조와 실행을 만드는 단계다.

프로젝트 종료 후, 의미→실행→제도와 연결, 보고서 작성과 데이터 화를 비롯하여 지속가능성을 확보하는 것이다.

핵심 질문은 **"이 의미와 결과를 어떤 구조로 바꿀 것인가?"**, 통합이 없으면 연결은 '일시적 교류'에 그친다. 통합을 통해 연결은 '지속 가능 한 조직 생태가 구축' 된다.

HMV사람-의미-가치 × **4단계**감지-이해-공유-통합 **모델:**
조직의 생명 순환 구조

연결의 구조화

단계	사람(Human)	의미(Meaning)	가치(Value)
감지	감정·데이터 변화 포착	상황 신호 감각	변화 예지·위험 감지
이해	공감·통찰	목적 해석·방향 정렬	실행 기준 수립
공유	대화·협력	의미 공명	신뢰·몰입 형성
통합	실행·행동	제도화·학습화	성과·지속 가능성 생성

"사람은 감지하고, 의미는 이해되고, 가치는 통합되어야 생명력을 갖는다."

현장 사례: '연결 방식'만 바꿨더니 성과가 4배 뛰었다

국내 A 플라스틱 압출성형 제조기업은 2024년 디지털 예지보전 시스템을 도입했다. 설비 데이터는 실시간 수집되었지만, 정작 **고장 예측 정확도는 낮고**, 반응 속도도 느려 현장 불신이 커지고 있었다. 문제는 **데이터가 아니라 연결 방식**이었다.

디지털 설비 예지보전 시스템 운영 사례

구분	상황
데이터 흐름	설비 → 서버 → 분석팀 → 현장 통보
의사결정 시간	평균 4~7일 지연
참여도	현장 참여 미흡, 기계 가동률 저하
개선 방향	"작업자 + 시스템 분석가" 통합팀 구성 → 실시간 알림 → 현장 알고리즘 튜닝 권한 부여
6개월 후 성과	가동률 29% 증가 / 현장 피드백 반영률 3배 증가 / 시스템 신뢰도 상승 / 자발적 개선 문화 형성

연결 구조가 바뀌자 **시스템 활용 효율은 4배**, 성과는 **복합적으로 상승**했다. 결정적 차이는 기술이 아니라 **사람-디지털 시스템-현장의 연결 구조**였다.

실천Practice은 가치와 사유를 행동으로 바꾸는 힘이다

실천은 **존재를 움직이는 행동 윤리**이자, **사유가 살아 움직이는 행동 철학**이다. 실천Practice은 단순한 '행위'가 아니라, 가치Value와 사유Thought가 행동Action으로 구체화되는 **전환의 과정**이다. 사람은 생각으로 시작하지만, **행동으로 증명될 때 성장**한다. 조직도 전략에서 출발하지만, **실천에서 완성**된다.

필자는 실천을 "가치와 사유를 구체적 행동으로 전환하고, 반복과 습관을 통해 개인·조직·시회적 성상을 이끄는 힘"으로 정의하고자 한다.

실천은 존재의 의미가 **가치로 순환·구체화되는 과정**이며, 내면의 생각이 **외부 세계와 만나 현실로 드러나는 생명력**이다. 그래서 실천은 생각의 끝이 아니라, 생각이 살아 숨 쉬는 '시작'이자 '진행형 과정'이다.

또한 실천은 **관계와 연결, 성과를 이어주는 성장 메커니즘**이다. 이를 구성하는 단계는 다음과 같은 **5단계 흐름**으로 정리할 수 있다.

목적과 목표 Purpose & Goal

→ 욕구Desire

→ 열정Passion

→ 학습Learning

→ 습관화Habituation

이것은 단순히 일직선으로 흐르는 절차Linear Procedure가 아니라, **사유-행동-성찰-성장**이 순환하는 실천의 **생태적 리듬**이다.

1) 목적과 목표Purpose & Goal: 실천의 방향을 정하는 첫 단추

모든 실천은 '**왜**Why'**에서 시작**한다. 목적이 흐리면, 행동은 에너지만 소모하고 사라진다. AI 시대 임원은 **조직의 존재 이유와 자신의 삶의 방향성을 일치**시켜야 한다.

조직과 자신의 미션을 **가시적인 문장**으로 명문화한다. "이 일은 무엇을 위한 것인가?"라는 질문에 **명확하게 답할 수 있을 때만 행동한다.**

목적이 '추상'이라면, 목표는 현실이다. 실천은 의미를 수치로, 이상을 실행으로 번역하는 과정이다. 목표는 단지 성과 지표가 아니라 실천의 체크포인트이다.

• SMART 원칙구체적·측정 가능·달성 가능·관련성·기한을 적용해 목표 설정

• KPI뿐 아니라, 의미 달성 지표KMI: Key Meaning Indicator를 함께 운영

2) 욕구_{Desire}: 행동을 점화하는 내적 엔진

욕구는 단순한 욕망이 아니라, **가치를 행동으로 옮기려는 의지의 힘**이다. AI가 아무리 정교하게 분석해도, **실행을 결정하는 것은 결국 인간의 의지**다. 임원의 중요한 역할 중 하나는 구성원이 '일하고 싶게 만드는 것'이다.

구성원의 **하고 싶은 일**work **리스트**를 발굴하고, 개인의 욕구와 조직 목표가 만나는 동기 정렬 맵Motivation Alignment Map을 설계·운영한다.

3) 열정_{Passion}: 불꽃을 유지하는 지속 에너지

의지가 일 수행에 **불을 붙이는 시작점**이라면, 열정은 그 불을 **지속시키는 산소**이다. 열정은 단순한 감정이 아니라, **의미에 몰입한 에너지 상태**이다.

리더는 구성원이 **"일 = 가치 = 성장"**의 공식을 체감하도록 도와야 한다. 과제와 구성원의 의미를 연결해 "왜 이 일을 하는가?"를 반복해서 상기시킨다. 임원은 구성원의 열정이 식지 않도록 **정기적인 열정 멘토링과 코칭**을 실행한다. 열정은 **일의 수행온도를 높이고**, 의미는 **그 불이 쉽게 꺼지지 않도록** 지켜주는 역할을 한다.

4) 학습_{Learning}: 실천을 정교하게 만드는 성장 루프

실천이 반복될수록 **사람은 배우고, 조직은 진화**한다. 학습은 실천의 부산물이 아니라, **실천을 계속 움직이게 하는 엔진**이다. AI가 제공하는 인사이트는 단순 지식이 아니라, **"다음 실천의 방향"**을 알려주는 학습 신호다.

- 프로젝트가 고점을 향해 치닫고, 구성원의 에너지가 떨어지고, 실수가 잦아질 때가 바로 **학습의 개입 지점**이다.
- 임원은 이 시점을 포착해 **적절한 학습 주제·방식**을 설계해야 한다.
- 과제 실행 후 중간·종료 시점마다 AARAfter-Action Review를 통해 표준과 교훈을 정리한다.
- 학습 결과를 데이터화해 반복 가능한 패턴으로 저장하고, AI 도구로 재활용한다.

5) 습관화Habituation: 실천이 문화가 되는 루틴 단계

습관화는 실천의 **완성 단계**이다. 행동이 반복되면 그것은 개인에게는 정체성Identity이 되고, 조직에게는 문화Culture가 된다.

리더는 구성원의 **작은 실천**을 '칭찬 데이터'로 시각화하고, 조직의 일상 실천 루틴Daily Practice Ritual으로 만들어야 한다. 일상의 작은 실천들이 몸에 배어 비슷한 상황에서 즉시 반응할 수 있는 **루틴**을 형성한다. 습관화된 실천은 개인에게는 **철학**, 조직에게는 **문화**가 된다.

현장 사례: "회의·교육은 많은데, 매출은 떨어지는 기업"

국내 굴지 전자회사에 초정밀 파이프를 공급하는 한 중소기업의 임원·팀장은 하루 대부분을 회의와 교육, 워크숍에 쓰고 있다. 그럼에도 불구하고 매출은 계속 하향 곡선을 그리고 있었다.

실천의 존재 증명 사례

항목	내용
상황	회의, 교육, 워크숍은 많지만, 실제 제안은 적음
문제	임원·팀장은 늘 바쁘지만 "좋은 내용이네"에서 끝. 행동으로 이어지지 않음
원인	소통 부족, 약속 불이행, 목표는 있으나 성과 부족, KPI 관리 부재
조치(실천)	• 팀별 '하고 싶은 일(work) 리스트' 운영 • 개인 관심 기술을 고객 요구 과제와 매칭 • 임원이 구성원 열정 멘토링(코칭) 실시 • 실습 중심 프로젝트(Doing-first 방식) 운영
성과	제안 채택 건수 18% 증가, 고객 요구 과제 월 27건, 자발적 제안 TF 운영

실천이 없는 전략과 교육은 소음에 가깝다. **실천이 있어야 존재가 증명**된다.

실천의 조직적 의미: 관계-연결-성과를 잇는 경영의 축

실천은 **지시가 아니라 결단**이다. 그리고 그 본질은 **일터 기본 윤리이며, 생존을 위한 존재방식**이다.

"나는 무엇을 위해 행동하는가?"

"그 행동은 조직과 사회에 어떤 영향을 주는가?"

AI가 모든 데이터를 계산할수록, **실천은 인간의 존엄성을 드러내는 마지막 영역**이 된다. AI는 판단을 돕지만, **행동의 책임**Responsibility**은 인간에게만 있다.**

조직은 실천의 과정을 통해 성장한다. 관계는 **신뢰**를 만들고, 연결은 **의미**를 흐르게 하며, 실천은 그것을 **성과와 문화로 구체화**한다. AI 시대 임원은 단순한 관리자를 넘어 실천 설계자Architect of Practice로 진화해야 한다. 그의 역할은 단순히 "실행하라"고 지시하는 것이 아니라, **실행이 가능하고 반복되도록 환경을 설계·조율하는 일**이다.

실천적 리더의 역할과 행동

역할	정의	주요 행동
촉진자 (Facilitator)	실천의 에너지를 끌어내는 사람	의미 브리핑, 학습·피드백 운영
설계자 (Designer)	실천이 반복 가능한 시스템을 만드는 사람	목표–성과–습관 루프 설계
조율자 (Orchestrator)	실천의 리듬을 유지하는 사람	실행 주기 관리, 보상·피드백 조율

실천은 **의도와 결과를 잇는 살아 있는 다리**이다. 그 다리를 건너는 동안 사람은 성장하고, 조직은 성숙해진다. AI 시대 진정한 경쟁력은 **지식 그 자체가 아니라, 그 지식을 행동으로 전환하는 능력**이다.

그래서 실천은 **인간이 존재를 증명하는 방식**이자, **조직이 생명력을 유지하는 방법**이다.

성과Performance는 감각의 축적이자
순환의 완성이다

성과는 **관계-연결-실천**을 의미로 엮어 **결과로 피워내는 리더십의 결실**이다.

앞에서

- '관계'는 신뢰의 기반,
- '연결'은 의미의 흐름,
- '실천'은 행동의 구체화를 다루었다면,

'성과'는 이 모든 것을 가시석·지속 가능한 가치로 환류시키는 단계이다.

1) 성과는 감각의 축적이며, 숫자보다 깊은 '의미의 흔적'이다

성과는 우연히 만들어지지 않는다. 성과는 **감각, 관찰, 판단, 행동이**

매일 조금씩 쌓인 시간의 결정체이다.

"성과는 감각의 축적이며, 의미의 잔향이다."

AI 시대의 성과는 단순한 결과Output나 데이터 수치에 머물지 않는다. 관계-연결-실천의 흐름이 만들어낸 질적 결과Outcome다. AI는 수치를 예측할 수 있지만, 그 수치의 **맥락과 의미를 해석하는 존재는 인간**이다. 조직은 이 감각의 축적을 통해 보이지 않는 힘, 감각적 경쟁력 Sensory Competence을 갖추게 된다.

이의 안정화를 위해 리더는 3가지 루틴이 요구된다.

- **감각의 데이터화**: 현장의 느낌, 팀 분위기, 고객 반응, 피드백 언어를 정성 데이터로 기록·축적한다.
- **감각 회의**Sense Meeting: 숫자보다 먼저, 감정·의미·현장 느낌을 나누는 정례 회의를 연다.
- **리더의 감각 훈련**: 리더는 보고서보다 사람의 눈빛·어조·분위기를 읽는 감각 리터러시를 키운다.

AI는 수치를 계산하지만, 인간은 맥락을 감지하고 의미를 만든다.

2) 성과는 순환의 결과이며, 동시에 학습의 출발점이다

성과는 **끝이 아니라 순환의 한 지점**이다. 관계가 신뢰를 만들고, 연결이 의미를 흐르게 하고, 실천이 행동으로 전환될 때, 그 결과로 성과가 나타난다. 그러나 **진짜 성과**는 그 결과가 다시 **학습으로 되돌아올**

때 완성된다.

필자는 이를 "성과 순환 루프Performance Feedback Loop"라 부른다.

관계 → 연결 → 실천 → 성과 → 성찰 → 다시 관계

이 순환이 끊기면 조직은 **단기 성과**에 갇힌다. 반대로 순환이 유지되면 성과는 **학습이 되고**, 학습은 **성장으로 이어진다.** 성과 순환 루프를 정착시키기 위해 리더는 다음 3가지 훈련이 필요하다.

- 성과 성찰 회의After-Action Review
  ◦ "무엇을 잘했는가?"보다 "무엇을 배웠는가?"에 초점을 둔다.
  ◦ 실패를 데이터가 아닌 **학습 자원**으로 재정의한다.
- 성과 환류 체계Feedback as System
  ◦ AI가 성과 데이터를 실시간 분석하고,
  ◦ 리더는 정성적 피드백으로 **의미를 보완**한다.
- 학습 보고서Learning Report 운영
  ◦ 프로젝트마다 성과 요약서 + 학습 요약서를 함께 보고한다.
  ◦ "성과 없는 학습은 방향을 잃고, 학습 없는 성과는 지속되지 않는다."는 메시지를 문화로 만든다.
  ◦ "성과는 결과가 아니라, 다음 성장을 여는 질문"임을 공유한다.

3) 지금은 '숫자'가 아니라 '의미'를 경영하는 성과 시대이다

AI 시대 임원은 더 이상 단순한 성과 관리자Manager가 아니라, 의미의 해석자Interpreter of Meaning이자, 성과를 통해 조직의 **방향과 존재 이**

유를 갱신하는 설계자이다. 숫자는 성과를 측정할 수 있지만, 성과의 깊이는 설명하지 못한다.

3차원 성과 리더십(3D Performance Leadership)

구분	내용	리더의 역할
1차원: 가시적 성과 (Visible Performance)	매출, 생산성, 효율 등 계량지표	관리·평가
2차원: 관계적 성과 (Relational Performance)	신뢰도, 협력도, 몰입도 등 감정·관계 지표	연결·조율
3차원: 존재적 성과 (Existential Performance)	조직의 의미, 사회적 가치, 성장 방향	해석·비전 제시

임원의 실천적 역할은 '**성과 순환 설계자**'이다. 즉 임원은 성과를 관리하는 사람이 아니라, **성과를 만들어 내는 관계-연결-실천의 리듬을 설계하고, 그 결과를 다시 학습·성장으로 환류시키는 허브가 되어야** 한다.

성과는 관계와 연결이 남긴 의미의 흔적이며, 구성원이 함께 만들어 낸 결과이자, 조직의 **집단 감각**이기 때문이다. 이 감각이 데이터로, 행동으로, 의미로 순환될 때, 조직은 단순한 **지속 가능 성장**을 넘어, **자기 학습**Self-Learning **생태계**로 진화한다.

"관계가 신뢰를 낳고, 연결이 의미를 흐르게 하며, 실천이 행동으로 증명될 때, 성과는 조직의 존재 이유로 남는다."

성과 생태자로서 임원 역할

역할	정의	실행 포인트
촉진자 (Facilitator)	성과 에너지를 흐르게 하는 자	성과 공유·피드백 문화 조성
해석자 (Interpreter)	성과의 의미를 번역하는 자	데이터 → 의미 → 비전 연결
조율자 (Orchestrator)	성과의 순환 구조를 설계하는 자	관계–실천–학습 루프 유지

AI는 성과를 예측할 수 있다. 하지만 **성과를 창조하고, 의미로 해석하며, 성장으로 연결하는 일은 결국 인간, 임원의 몫**이다.

현장 사례: 감각 기반 고객 경험 성과 혁신 – R사

전자부품 기업 R사의 사례를 보자.

- **현황**: 고객만족도 점수: 전년 대비 유지 또는 소폭 상승, 그러나 재구매율·NPSNet Promoter Score는 6개월 연속 하락, VOC고객의 소리는 정작 '중립적·모호한 긍정' 표현이 증가
- **문제점**: KPI 상으로는 문제가 없어 보이지만, **실제 고객 충성도는 하락**, 관리자의 고민은 "숫자는 좋은데 왜 재구매가 떨어지지?". 콜센터·매장 직원은 "고객 말투가 딱딱하고, 불만을 암시하는 느낌이 많다"고 보고
- **원인**: 조직은 성과를 숫자 중심으로만 관리, 현장 직원들은 **감정·표정·톤·반응**이라는 '감각 신호'를 인지하고 있었으나, 이러한 정성 데이터감각를

기록·반영하는 시스템 부재

- 조치_{실천}: 다음 표 참조

R사의 감각 기반 고객 경험 성과 혁신 사례

영역	실행 내용
감각 수집	VOC에 '감정 태그' 컬럼 신설 (예: 짜증/실망/주저/경계/기대 등)
감정 회의	매주 Sense Meeting 운영: 숫자보다 고객 느낌·언어·톤을 먼저 공유
AI 활용	고객 음성·채팅에 감정 분석 모델 적용 → 어조·속도·단어 변화 탐지
조직학습	감정 신호를 기반으로 공감 커뮤니케이션 규칙(rules of empathy communication) 설계

- **성과:** 재구매율 11% 증가, 고객 이탈 예측 정확도 27% 상승, 매장·콜센터 직원의 공감 역량 향상, 고객 불만 전환율 18% 상승

"성과는 숫자의 결과가 아니라, 다음 가치를 여는 문이고, 새로운 질문을 만들어낼 때 비로소 성과가 된다."

그래서 임원은 성과의 **리듬·흔적·순환**에 생명력을 불어넣고, 그 의미를 해석해 **조직의 방향을 설계하는 존재**이다.

8장

조직의 성장과 함께 리더도 성장해야 한다

김영헌

임원으로서의 진짜 출발은,
나 자신을 리셋하는 순간이다

나는 어떤 존재인가?

조직에서 임원이 되는 순간, 어떤 기분이었는가?

임원으로서 첫날, 무엇이 달라졌는가?

임원은 자동차로 치면 **조수석이 아니라 운전석**이다. 누군가가 데려다 주는 자리가 아니라, **내가 가고 싶은 곳, 도달하고 싶은 곳으로 직접 방향을 정하고 운전하는 자리**이다. 따라서 임원이 되는 순간, **자신의 역할과 업무를 다시 디자인해야 한다.** 이것이 임원이 추구해야 할 방향성이다.

스콧 에블린은 《무엇이 임원의 성패를 결정하는가》에서 임원 승진을 "누구에게나 가장 어려운 전환점"이라고 말한다.

그가 인용한 세계적인 리더십 개발기관 **창의적 리더십센터**Center for Creative Leadership, CCL 조사에 따르면, **신임 임원의 40%가 18개월 안**

에 **실패**한다. 무엇이 문제일까? 관료제 위계 속에서 결국 **자신의 무능력이 드러나는 자리까지 승진한다**는 소위 **피터의 법칙**Peter Principle 때문일까?

에블린은 "신임 임원의 40%가 무능해서 실패했다"는 해석에 대해 신빙성이 떨어진다고 말한다. 필자 역시 전적으로 동의한다. 임원으로 승진하려면, 머리가 좋아야 하고, 과거 실적이 뛰어나야 하며 충분히 유능해야 한다. 그렇다면, **유능한 사람들이 임원이 된 뒤 실패율이 높아지는 이유**는 무엇인가?

인디애나대학교 켈리 비즈니스 스쿨에서 기업 임원들을 대상으로 조사·포커스 그룹 인터뷰를 진행한 결과, 임원의 실패 원인은 다음과 같이 정리된다.

- 커뮤니케이션 스킬 부족
- 업무 수행 과정에서 상호관계·인간관계 능력 부족
- 나아가야 할 방향과 기대치에 대한 이해 부족
- 과거 습관을 신속히 버리지 못하고, 새로운 상황에 적응하지 못함

에블린은 특히 **과거의 습관, 즉 믿음과 행동을 버리지 못하는 것**을 강하게 지적한다. 아이러니하게도, **'유능함' 자체도 실패의 원인**이 될 수 있다. 능력이 있어야 임원으로 승진하지만, 바로 그 능력이 **양날의 칼**이 된다.

임원 승진은 **축복인 동시에 저주**가 될 수 있는 이유가 여기에 있다. 신임 임원은 그 자리에 오르기까지 자신을 도와주었던 **기능적·기술적**

능력에 계속 과도하게 의존하는 경향이 있다. 그러면 새로운 자리에서 요구되는 **역할과 리더십**을 충분히 발휘하기 어렵다.

더 높은 단계에서 최선의 성과를 내기 위해서는 과거로부터의 탈피, 즉 '자기 리셋 Self Reset**'이 필요하다.** 자신을 리셋하는 순간, 비로소 **최상의 상태에서 행동할 수 있는 자신감**이 생기고, 그 자신감은 새로운 상황에 필요한 **임원 마인드셋**을 만든다.

필자는 직접 임원으로 활동했던 경험과, 비서실에서 다년간 임원 인사 업무를 담당했던 경험을 통해, **임원의 자신감이 무엇보다 중요**하다는 결론을 얻었다. 자신감이 있으면 환경 변화에 맞춰 **변화와 혁신을 추진**할 수 있다. 그리고 **자리에 연연할 필요도 없다.** 우스갯소리로 "임원은 '임시직원'의 준말"이라는 말이 있다. 소신 있게 일하고, 성과를 내면, 그 다음은 인사권자인 CEO의 몫이다.

임원으로서 자신이 할 일을 다 했다면, "진인사대천명盡人事待天命"이면 된다. 성과를 내는 임원에게는 또 다른 길이 열린다. 필자가 팀장 시절, 골프 초보였을 때의 일이다. 당시 직속 상사였던 임원과 라운딩을 하던 중 그가 이런 말을 해주었다.

"골프에서 3C가 중요합니다."

그 3C는 Confidence자신감, Concentration집중, Control자기 통제이다. 이는 골프뿐 아니라 **모든 운동·모든 일·조직의 업무 추진 전반에 적용될 수 있는 원리**다. 우리는 일반적으로 비즈니스에서 3C라고 하면, 자사Company, 고객Customer, 경쟁자Competitor 를 떠올리는 것이 자연스럽다. 그러나 **위의** 3CConfidence·Concentration·Control 역시 업무와 리더십에 적용하면 매우 생산적이다.

반대로, **피해야 할 3C**도 있다. Confusion혼란, Complain불평, Con-solation자기 합리화/자기 위안이다. 업무 전반에서 **성과를 떨어뜨리는 3C**다. 다만, 상대가 진짜 힘들 때 진심을 다한 Consolation위로은 필요할 수 있다는 점은 예외로 두고 싶다.

임원으로서 3C 업무 활용 방안

구성요소	의미	실행 포인트
Confidence	자기 확신, 존재의 기반	– 나는 어떤 자신감을 가지고 있는가? – 나는 지금 무엇을 믿고 있는가?
Concentration	몰입, 주의의 일관성	– 내가 집중해야 할 본질은 무엇인가? – 나에게 성과가 극대화되었던 사례는 무엇인가?
Control	감정·행동의 균형	– 나는 상황을 통제하는가, 반응만 하는가? – 나에게 균형감각이란 어떤 의미인가?

에블린은 임원 개인·팀·조직 전체의 **'존재 방식'에 대해 무엇을 취하고, 무엇을 버려야 하는지**를 각 9가지로 정리한 '임원 존재의 넥스트 레벨 모델'을 제시하고 있다. 이 모델은 임원 스스로를 성찰하는 데 큰 도움이 된다.

특히 역할 수행 이전에 '어떤 임원으로 존재하고 있는가'를 묻는 이 프레임은 성과 중심 리더십을 넘어, 의미·관계·영향력을 재정의하게 만든다. 이를 통해 임원은 판단과 실행의 기준을 외부 성과가 아닌 내적 정렬에서 다시 세우게 된다.

임원 존재의 '넥스트 레벨' 모델

	취할 것	버릴 것
개인으로서의 존재	자신의 존재에 대한 자신감 에너지와 관점의 주기적 재충전 맞춤형 커뮤니케이션	자신의 기여도에 관한 회의 지쳐 나가떨어질 때까지 전력 질주 맥락을 무시한 획일적 커뮤니케이션
팀으로서의 존재	팀에 의존하기 해야 할 일 정의하기 전체 결과에 총체적으로 책임지기	자신에게 의존하기 세세한 업무 지시 일부 결과에 단편적으로 책임지기
조직 전체로서의 존재	이끌면서 좌우, 대각선 살피기 조직 전체를 밖에서 안으로 보기 큰 영향력 관점으로 보기	이끌면서 위아래로 보기 역할을 안에서 밖으로 보기 작은 영향력 관점으로 보기

출처:《무엇이 임원의 성패를 결정하는가》

필자는 여기에 하나를 더 보태고 싶다. "임원으로 새 출발하려면, **나 자신을 리셋**Reset**해야 한다.**" 다시 말해, **"나는 어떤 존재인가?"**, "조직에 무엇을, 어떻게 기여할 것인가?"를 스스로에게 묻고 정리하는 과정이 반드시 필요하다.

다산 정약용은《목민심서》에서 목민관지방 수령이 부임할 때의 자세와 물러날 때의 태도를 자세히 다루었다. 그 중 부임 편의 '율기육조律己六條'는 지도자가 스스로 몸가짐을 바르게 하고 언행에 흐트러짐이 없도록 지켜야 할 여섯 가지 항목이다.

이는 **지금 시대의 리더들에게도 여전히 유효한 덕목**이다. 지도자의 실패는 환경이나 여건의 문제가 아니라 **지도자 자신에게 달려 있는 경우가 많다.** 지도자는 흔히 "다른 사람을 변화시키기 위해" 사람들 앞에

선다. 하지만 **다른 사람을 변화시키기 전에 자기 자신이 먼저 변화되어야 한다.** 다산은 스스로를 타일러 경계하고 삼가는 것을 칙궁飭躬이라 했고, 말을 함부로 많이 하지 말 것, 격렬하게 성내지 말 것을 강조했다. 그는 지도자들이 '노즉수怒則囚'라는 세 글자를 좌우명으로 삼아야 한다고 했다. '노즉수怒則囚'란 화가 나더라도 분노를 밖으로 드러내지 말고 마음속에 가두어 두라는 뜻이다.

목민관은 **간소한 차림으로 부임하되, 책은 한 수레 가득 싣고 가라**고 했다. 이는 **청렴한 선비의 자세**이자, 지도자는 **평생 독서와 학습을 멈추지 말아야 한다**는 메시지이다. 퇴임과 관련된 '해관육조解官六條'는 벼슬에서 물러날 때의 태도와, 그 뒤에 남길 치적에 관한 여섯 가지 가르침이다.

"사람은 뒷모습이 아름다워야 한다"는 말은 이 해관의 상황에 그대로 적용된다.

산에 오를 때 '내려갈 때'를 생각해야 하듯, **자리에 있을 때부터 떠날 때의 모습을 염두에 두고 살아야 한다.** 다산은 벼슬자리는 언젠가 체임遞任, 즉 자리가 바뀌는 날이 오게 마련이라고 했다. 그때 **자리에 연연하지 않고 담담히 물러난다면 오히려 백성의 존경을 받게 될 것**이라고 했다.

필자는 임원 코칭 시, 새로 취임하거나 역할이 바뀐 임원들에게 이렇게 제안한다.

"취임사도 중요하지만, **퇴임 후 어떻게 평가받고 싶은지, 퇴임사를 지금 써서 가지고 있으십시오.** 그리고 주기적으로 그걸 다시 읽어 보십시오."

실제로 이렇게 실천하는 임원들이 늘어나고 있는 것은 매우 고무적인 일이다. 결국, **리더십의 위기는 '자기 리셋 부족'에서 시작**된다는 점을 기억해야 한다.

방향과 속도, 두 마리 토끼를 잡아라

필자는 한경닷컴 칼럼 〈AI 시대의 경영〉에서 "지금은 본격적인 인공지능AI의 시대"라고 쓴 바 있다. 인류 문명의 전환점을 돌아보면, 불의 발견, 전기의 발명, 인터넷과 스마트폰에 이어 이제는 **생성형 AI 시대**가 열렸다. 그렇다면, **AI 시대의 경영**Management**과 리더십은 전통적인 경영과 리더십에 비해 무엇이 같고, 무엇이 달라졌는가?**

먼저, **공통점**부터 보자. 경영의 본질은 바뀌지 않는다.

- 기업의 미션과 비전을 달성하기 위해 목표 설정
- 목표 달성을 위한 전략 수립
- 고객을 위한 가치 창출과 사회공헌
- 지속 성장을 위한 사람관리·인재육성
- 어떤 상황에서도 최적의 의사결정을 내리려는 노력

이러한 기본은 전통적 경영이든 AI 시대 경영이든 동일하다. 그러나 **방법과 도구는 달라졌다.** 과거 전통적 경영에서는 **경험과 직관**에 기반해 목표를 세우고, 자원을 배분·관리했다면, AI 시대에는 **데이터와 인공지능을 활용해 더 빠르고 정확하게 의사결정**을 내린다. 즉, "어떤 방향성을 설정하느냐"와 "얼마나 빠르고 민첩하게 목표에 도달하느냐"가 핵심이 되었다.

오픈AI가 제시한 AI 발전 단계는 다음과 같다.

- **챗봇**Chatbot: 지금의 ChatGPT와 같이 대화형 언어로 상호작용하는 수준
- **추론자**Reasoner: 박사급 수준의 고도 추론이 가능한 AI
- **에이전트**Agent: 인간을 대신해 복잡한 작업을 수행하는 수준
- **혁신자**Innovator: 새로운 아이디어를 제시해 혁신을 돕는 수준
- **조직**Organization-level AI: 홀로 조직 단위의 업무를 총괄할 수 있는 광범위한 능력을 가진 AI

기술이 어느 단계까지 발전할지는 정확히 예측하기 어렵다. 하지만 한 가지는 분명하다. "AI와 협업하지 않는 리더는 더 이상 생존하기 어려운 시대"라는 점이다.

AI 시대 경영은 **데이터를 핵심 자산**으로 본다. 데이터의 수집·분석이 더욱 중요해졌고, 이를 통해 **속도와 민첩성의 시대**로 나아가야 한다. 전통적 경영이 '경험과 직관'에 기대었다면 AI 시대에는 **데이터와 AI 기반 의사결정**으로 업무 처리 속도와 정밀도가 크게 높아졌다. 이 변화는 리더에게 감각만으로 판단하는 역할에서, 데이터와 AI를 해석하고

방향으로 전환하는 역할을 요구한다. 결국 경쟁력의 차이는 기술 도입 여부가 아니라, 이를 의사결정 구조로 정착시키는 리더십에서 갈린다.

방향과 속도를 동시에 관리하기 위해 리더에게 요구되는 역량은 무엇일까?

전통적으로 개인 경쟁력의 축은 전문성, 창의성, 커뮤니케이션 능력, 적응력 등이었다. AI 시대에도 이 축은 여전히 유효하다. 그러나 이제 여기에 더해 디지털 리터러시, AI 에이전트 활용 능력, AI 시스템과 협업할 수 있는 능력 등이 필수 역량으로 추가되고 있다. 특히 중요한 것은 다음과 같다.

- 문제를 정확히 정의하고 해결하는 **사고력**Thinking Ability
- AI와 협업할 수 있는 **공감력**Empathy
- AI와 인간을 연결하는 **질문력**Prompting

이를 위해 인문학적 소양, 기술 변화 속도를 따라잡는 **지속적 학습**이 강조된다. 결국, **AI와 함께 성장하고 진화하는 사람이 미래의 주인공이 될 것**이다. 찰스 다윈이 《종의 기원》에서 남긴 유명한 말은 지금 AI 시대에도 그대로 유효하다.

"생존하는 것은 가장 강한 종도, 가장 똑똑한 종도 아니다. 변화에 가장 잘 적응하는 종이 살아남는다."

임원으로서 조직과 개인의 목표를 동시에 달성하려면, "내가 진정으로 이루고 싶은 것은 무엇인가?"라는 방향성을 분명히 하고, AI를 활용한 신속한 실행으로 성과를 만들어 가야 한다. 이를 위해 필자는 AI 시대 리더가 가져야 할 5가지 감각을 다음과 같이 정리한다.

AI 시대 리더의 5가지 감각

감각	설명	리더 적용 문장
Sense	데이터의 신호를 감지하는 힘	"숫자 뒤에 숨어 있는 논리와 감정을 동시에 읽어라."
Speed	실행의 리듬을 조정하는 힘	"빠름도 중요하지만, 바름이 더 중요하다."
Simplicity	복잡성 속에서 단순함을 찾아내는 힘	"언제든 핵심 질문으로 돌아가라."
Story	의미를 전달하는 힘	"성과를 이야기로 전해, 사람의 마음을 움직여라."
Soul	인간적 감성을 지키는 힘	"기계는 효율로 기억되지만, 인간은 온도로 기억된다."

결국, AI는 **데이터를 관리하고 속도를 만든다.** 그러나 **의미를 관리하고, 그 속도를 올바른 방향에 접목하는 일은 리더인 임원의 역할이다.**

개인의 몰입이 빠진 성장은 지속되지 않는다

나는 무엇을, 조직 구성원은 무엇을 중요하게 여기는가? 필자는 임원 코칭 시 종종 조직과 개인이 함께 추구해야 할 개념으로 '삼성三成'을 제안한다. 삼성三成이란, 한 사람이 조직의 임원으로서, 사회 구성원으로서, 한 인간으로서 추구해야 할 세 가지 축을 뜻한다.

- **성과**成果 – 조직 내 목표 달성
- **싱징**成長 – 내적·외적 성장
- **성공**成功 – 공동체의 일원으로서 사회적 기여가 있는 삶

이를 이루기 위해 가장 중요한 것은 **자신의 정체성과 목적의식**이다. 정체성과 목적의식은 강한 동기를 만들고, 그 동기는 **몰입으로 전환**된다. 다음의 삼성三成 질문 프레임은 리더가 자기 자신과 구성원을 성찰할 때 도움이 된다.

삼성(三成) 관련 질문법

구분	의미	자신에게 던질 질문
성과(成果)	목표 달성	– 당초 목표를 제대로 달성했는가? – 나는 무엇을 완수했는가?
성장(成長)	내적 진화	– 나는 무엇을 배웠는가? – 성장 과정에서 어떤 깨달음을 얻었는가?
성공(成功)	사회적 기여	– 나에게 성공이란 무엇인가? – 나는 사회에 어떤 보탬이 되었는가? – 누구와 함께 이뤘는가?

딜로이트의 **2025 Global Human Capital Trend Survey**에 따르면 사람들이 일을 하는 이유는 매우 다양하다. 자신과 가족을 부양하기 위해, 목적의식이 있어서, 일 자체가 즐거워서, 실질적 보상을 위해, 성공하기 위해 등 대부분의 근로자들은 **핵심 동기 하나만으로 움직이지 않는다.** 여러 동기가 **동시에, 복합적으로** 작동한다.

조사 결과, 응답자의 38%가 지난 3년간 "일을 하는 가장 중요한 이유가 바뀌었다"고 답했다. 전문가들은 사람의 행동을 이끄는 힘을 동기Motivation라고 말한다. 동기는 크게 외적 동기Extrinsic와 내적 동기Intrinsic로 나눌 수 있다.

외적 동기는 보상을 얻기 위해, 직업 안정성을 위해, 경쟁에서 이기기 위해 등이다. 내적 동기는 자신의 목표를 달성하기 위해, 다른 사람을 돕고 긍정적 영향을 주기 위해, 새로운 것을 창조하기 위해, 공정함을 추구하거나 불평등을 해소하기 위해 등이다. 여기에 더해, 기쁨·희망·공포·당혹감·스트레스 등 **감정** 역시 행동에 큰 영향을 준다. 따라서

근로자들이 일을 하는 이유

일과 사생활을 분리하고자 한다. 일을 하는 이유는 자신과 가족을 부양하고, 일 외에 의미 있는 일을 하기 위해서이다. **32%** 생계를 위해

내가 몸담고 있는 분야나 내가 관심을 기울이는 사안에 대해 긍정적 변화를 이끌어내기 위해 일을 한다. **25%** 목적의식이 있어서

특정 스킬이나 역량, 전문성을 활용해 무언가를 탐구하거나 창작하는 것이 즐거워서 일을 한다. **18%** 일 자체가 즐거워서

부와 자산을 축적하기 위해 일을 한다. **13%** 실질적 보상을 얻기 위해

경쟁에서 이기고 최고가 되기 위해 일을 한다. **11%** 성공하기 위해

출처: Analysis of Deloitte's 2025 Global Human Capital Trend survey data

동기 관리와 감정 관리는 리더십에서 매우 중요한 과제다.

조사에서 "업무 성과 개선을 위한 가장 큰 동기는 무엇인가?"라는 질문에 근로자들은 다음 요소들을 중요하게 꼽았다. 재무적 보상, 직업 안정성, 팀워크, 업무 유연성일·삶의 균형, 유연근무, 원격근무 등, 진급, 새로운 스킬·지식 학습, 휴가, 성취감업무 완수 및 목표 달성 등이다.

임원으로서, 이 결과에 얼마나 공감하는가? 함께 일하는 구성원들이 **무엇을 중요하게 여기고, 어떤 동기로 움직이는지 읽어내는 것**은 리더로서 기본이다. 나아가, 그들의 **감정과 욕구를 파악**해 그들이 조직 안에서 **성과를 내고, 성장할 수 있는 환경을 만들어 주는 것**이 임원의 중요한 역할이다.

나는 정말 무엇을 해보고 싶은가?

임원으로서 자신이 가장 중요하게 생각해야 할 것은 무엇인가? 그것은 곧, **자신이 이루고자 하는 꿈과 비전**이다. 최근 필자가 코칭한 한 기업 A사의 인사담당 임원 이야기가 인상적이다. 그는 사업 구조조정으로 인해 불가피하게 퇴직을 앞두고 있었고, 다른 기업의 인사담당 임원으로 **전직 예정**이었다.

필자가 그에게 물었다.

"진짜, 마음 깊은 곳에서 해보고 싶은 일은 무엇입니까?"

잠시 생각하던 그는 자신이 쌓아온 **인사·노무·전략, 해외 법인장 경험**을 바탕으로 "한번 CEO 역할을 해보고 싶다"고 말했다.

그는 이를 위해 경영지도사 공부를 시작하고, 재무·마케팅·IT 등 각 분야 리더들과 직접 대화를 늘리고, 젠슨 황, 일론 머스크 등의 책을 읽으며 **CEO 마인드를 갖추기 위한 공부를 하고 있다**고 했다. 이렇게 목표를 다시 설정하니 새로운 **꿈이 생기고, 살아 있는 활력이 올라왔다**고 말했다. 코칭 과정에서 그는 이런 표현을 썼다.

"저도 거인의 어깨에 한번 올라타 보고 싶습니다."

필자는 이렇게 질문을 던졌다.

"당신이 바로 **거인의 어깨**가 되어 후배 임원들에게 기여할 수 있지 않습니까?"

이 질문을 계기로 그는 자신의 경험과 노하우를 정리해 **책을 써 보겠다고 결심했다.** 이제부터는 **임원으로서 '진짜 해보고 싶은 일'을 해보는 것**이 중요하다.

- 임원이라는 시기에만 할 수 있는 일은 무엇인가?

- 다음 넥스트 레벨을 위해 지금 시점에 반드시 해야 할 일은 무엇인가?

- "지금 하지 않으면 나중에 반드시 후회할 일"은 무엇인가?

이 질문들은 임원으로서의 존재 이유·방향·몰입을 다시 세우는 중요한 성찰의 출발점이다.

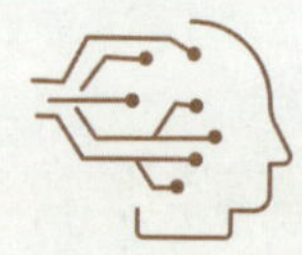

조직의 미션·비전과 나의 성과를 잇는
리더의 연결 능력

조직이 사라지는 이유

조직의 미션과 비전은 **임원 개인의 성과와 반드시 연결**되어야 한다. 조직만 성장하고 개인은 소모되거나, 반대로 개인만 성장하고 조직의 지속가능성에 기여하지 못한다면 소위 '따로 국밥'이 된다.

조직과 개인이 함께 성장하려면 무엇이 필요한가?

우선, 조직도 사람과 마찬가지로 **생·노·병·사의 흐름**을 가진다. 다만 회계·제도 상에서는 '영속 조직'을 전제로 결산과 계획을 세울 뿐이다. 반면, 개인으로서 임원의 임기와 역할은 유한하다. 이 유한성과 조직의 지속성 사이를 어떻게 연결하느냐가 리더십의 핵심이다.

1) 피터 드러커가 말하는 "조직이 사라지는 세 가지 이유"

피터 드러커는 리더가 조직에 어떻게 기여해야 하는가를 이야기하며, 조직이 성과를 내야 하는 세 가지 영역을 제시한다. 그는 이렇게 말한다.

"조직은 세 가지 영역에서 반드시 성과를 내야 한다. 하나라도 실패하면, 조직은 결국 사라진다."

그 세 영역은 다음과 같다.

- 직접적인 결과Direct Results
- 가치의 추구와 재확인Value & Mission
- 미래를 위한 인재 육성Development of People

드러커에 따르면, 이 세 영역 중 어느 하나라도 성과가 없으면 조직은 **해체·혼란·마비·쇠퇴**의 길을 걷게 된다. 따라서 세 영역 모두가 **경영 리더의 기여 활동에 내재**되어야 한다. 다만, **상대적 중요도는 조직 상황·리더의 개성·지위에 따라 달라질 수 있다**는 점도 강조한다.

2) 드러커가 말하는 "경영 리더Executive"란 누구인가?

드러커가 말하는 경영 리더Executive는 단순히 직함이 높은 사람을 뜻하지 않는다.

"경영 리더란, 자신의 직책과 지식을 활용해 조직 전체의 성과와 결과에 **현저한 임팩트를 미치는 의사결정을 내리는 사람**이다."

따라서 조직의 모든 지식 노동자는 잠재적인 경영 리더Executive가 될 수 있으며, 자신의 기여에 **책임을 져야 하는 존재**이다. 조금 더 구체적으로 보면, 드러커가 말한 세 가지 영역은 다음과 같이 해석된다.

(1) 직접적인 결과Direct Results

기업에서는 매출·이익 같은 **경제적 지표**, 병원에서는 환자 치료 성과와 같은 **서비스 지표**로 나타난다. 중요한 점은, 조직마다 "우리의 직접적인 결과가 무엇인지"를 **명확하게 정의**해야 한다는 것이다. 이 정의가 모호해지면 결과를 산출할 수도, 평가할 수도 없게 된다. 직접적인 결과는 조직을 먹여 살리는 **'칼로리' 같은 역할**을 한다. 즉, 직접적인 결과가 없다면 생존이 불가능하다.

(2) 가치의 추구와 재확인Value & Mission

모든 조직은 **가치 창출에 전념**해야 하며, 그 가치를 **끊임없이 재확인**해야 한다. 조직에는 항상 다음과 같이 말할 수 있어야 한다.

"우리 조직의 존재 이유는 이것이다."

이 질문에 답하지 못하면 조직은 **해체·혼란·마비·쇠퇴**의 길로 갈 수밖에 없다.

(3) 내일을 위한 인재 육성Development of People

조직 역시 **언젠가는 사라질 수밖에 없는 한계**를 가진다. 이 한계를 넘어서기 위해, 오늘 '내일을 이끌 사람들'을 준비해 두어야 한다.

- 조직은 인적 자본_{Human Capital}을 **쇄신해야 하고,**
- 구성원의 역량 수준을 **꾸준히 향상시켜야 하며,**
- 다음 세대는 현 세대의 고된 작업과 헌신을 인정·계승해야 한다.

후배들은 선배의 어깨 위에 올라서 **새로운 '최고'를 만들어야 한다.** 임원으로 승진한 뒤에도 **승진 전 방식 그대로 일하는 경영 리더는 대부분 실패**한다. 이유는 간단하다. 앞서 말한 세 가지 성과 영역의 **상대적 중요도가 달라졌는데도**, 이를 인식하지 못하고 **과거 방식에만 머물기** 때문이다.

3) 인재 육성과 관련해 임원이 잊지 말아야 할 세 가지

필자가 특히 인재 육성과 관련해 강조하고 싶은 세 가지가 있다. 겉으로 보면 평범해 보이지만, 막상 **실천하기가 쉽지 않다.** 그래서 더욱 **의식적인 성찰과 실천**이 필요하다.

(1) 사람을 보는 눈: 용인用人의 안목을 길러라

첫째, 리더는 **사람을 보는 눈**을 길러야 한다. 소위 '적재적소適材適所'에 배치하는 용인用人이 핵심이다. 국가든, 대기업이든, 중소 조직이든, **사람을 어떻게 쓰느냐**는 공통의 과제이다.

그래서 이런 말이 있다.

"리더에게 문맹文盲보다 더 치명적인 것은 인맹人盲이다."

고故 이병철 회장이 실천했다는 고전적인 문구도 다시 떠올릴 필요가 있다.

용인불의用人不疑, **의인불용**疑人不用

사람을 쓸 거면 의심하지 말고, 의심한다면 쓰지 말라는 뜻이다.

(2) 강점을 키우는 환경: 약점 개선 중심 조직은 실패한다

둘째, 조직 구성원을 존중하고 각자의 **강점을 마음껏 발휘할 수 있는 환경**을 만들어야 한다. 조직 관리를 '약점 개선' 중심으로만 한다면 **탁월한 성과를 내기 어렵다.**

탁월한 성과는 항상 **강점에서 나온다.** 따라서 임원은 이렇게 질문해야 한다.

"이 사람은 무엇을 잘할 수 있는가?"

피터 드러커는 다음과 같이 말했다.

"조직의 성공은 평범한 사람들로 하여금 비범한 결과를 만들어 내게 하는 것이다."

조직은 평범한 사람들의 강점을 살려 **다른 사람에게 도움이 되게 해야 하고**, 그 과정에서 보통 사람들의 약점은 **의미 없는 수준으로 만들어야 한다.**

(3) 슈퍼리더십: 부하를 '셀프 리더'로 키워라

셋째, 리더는 슈퍼리더십Super Leadership을 발휘해야 한다. 슈퍼리더십이란, **하급자들이 스스로를 이끄는 '셀프 리더**Self Leader'**가 되도록 이끄는 과정**이다.

만츠와 심스Manz & Sims는 슈퍼리더십 이론에서 일곱 가지 단계를 제시하는데, 그중 1-2단계만 살펴보면 다음과 같다.

- 리더 자신이 셀프 리더가 되는 것
  - 스스로 방향을 정하고, 자기 자신에게 동기를 부여하는 과정이다.
  - 다른 사람을 이끌기 전에 먼저 자기 자신을 이끌 수 있어야 한다.
- 셀프 리더십을 다른 사람에게 보여주는 것
  - 말이 아니라 행동으로 시범을 보이고,
  - 구성원들이 이를 모델로 삼게 하는 것이다.

여기서 중요한 것은 **자기 자신을 '존재'로서 인식하는 것**, 즉 "나는 누구인가?"를 스스로 분명히 아는 것이다.

리더십의 아버지 워렌 베니스는 말한다.

"리더가 된다는 것은 자기 자신이 된다는 것과 동의어다. 말은 간단하지만, 실천은 가장 어렵다."

결국, 자기를 제대로 아는 사람이 진짜 리더라는 뜻이다.

그래서 필자는 코칭 대화 시 임원들에게 이렇게 제안한다.

"임원·리더·한 인간으로서 '나의 사명 신언문'을 직접 *써보십시오*."

필자가 기업·공공기관 CEO와 임원들을 대상으로 경영자 코칭을 할 때 가장 중요하게 여기는 것은 자신에게 맞는 가장 적합한 **코칭 주제 설정**이다.

상당한 탐색 과정체크인, 인터뷰, 진단 등을 거쳐 조직과 개인이 이루고 싶은 꿈과 비전, 혹은 조직의 성장·발전을 위해 지금 반드시 해결해야 할 과제를 찾아내는 것이 본격적인 **코칭의 출발점**이기 때문이다.

다음은 필자가 실제로 CEO와 임원들을 코칭하면서 다뤘던 주제들 중 일부이다.

"나는 어떤 리더로 기억되고 싶은가?"

"내가 조직에 남기고 싶은 유산은 무엇인가?"

내가 일하는 진짜 이유는 무엇인가?"

"내가 키워내야 할 '다음 세대'는 누구인가?"

이 질문들이 바로, 조직의 미션·비전과 나의 성과를 잇는 리더의 연결 능력을 깨우는 출발점이다.

〈CEO 및 예비 CEO 코칭 주제〉

• OOO 회사 고유의 올바른 조직문화 확립

• 내적 자아가 충만하여 행복한 CEO 되기

• CEO로서 리더십 성찰 및 고유한 리더십 확립

• 5년후 우리 회사의 모습 그리기 및 달성을 위한 실천방안

• 우리나라 OO산업의 글로벌화를 위한 리더십 육성

• CEO로서 자신만의 리더십 개발 및 임원 육성하기

• 변화를 이끌고 이정표를 만들고 타이밍을 놓치지 않는 CEO 되기

• 우리 조직의 공동체 의식 만들기

• 스스로 생각하며 일하는 조직 만들기와 성과 창출

• 전략적 사고와 효과적인 의사결정

〈일반 임원 코칭 주제〉

• 공감적 대화하기와 관계적 편안함 향상

- AI 기반의 업무 혁신 프로세스 적용방안

- 리더를 키우는 리더가 되는 방안

- 부서 특성에 맞는 맞춤형 성장 지원

- 업무 환경 혁신과 공정한 평가 보상체계 구축을 통한 '모두가 선망하는 본부' 만들기

- 데이터 기반의 통찰과 조직 리더십 내재화를 통한 성과내는 조직 만들기

- 직원의 경영적 관점과 회사 전체 성과중심의 업무 마인드 형성

- 자아 실현을 통한 나의 행복한 직장생활 만들기

- 다양한 성향의 MZ세대로 구성된 본부를 리딩하며 성과를 내는 방안

- 소통 공감을 통한 활기찬 조직 문화로 출근하고 싶은 조직 분위기 조성

- 퇴직이직을 하려는 핵심인재를 잡을 수 있는 방안

- 본인의 부족한 점이 무엇인지 이의 개선을 위한 실행방안은?

- 통찰력과 설득력 향상을 위한 발표스킬 강화

피드백과 학습 문화가 성장 엔진이다

앞서 살펴본 Deloitte 2025 Global Human Capital Trends는 AI 시대 조직에서 **리더의 역할 재정의**를 세 가지 관점으로 정리한다.

- 사람을 개발하고, 코칭하며, 동기를 부여하고 육성하는 역할

- 일을 다시 설계하고, 자원을 재배분하며, 인간과 기계 간 상호작용을 최적화해 AI 시대의 인적 성과를 촉진하는 역할

- 민첩성·전략적 문제 해결·혁신을 가능하게 하는 역할

이 세 가지 역할의 중심에 있는 것이 바로 피드백과 학습 문화이다.

1) 피드백의 본질: 사람을 "도구"가 아닌 "존재"로 보는 것

리더의 역할 재조명 중 가장 핵심적인 요소 중 하나가 피드백이다. 피드백은 사람을 행동하게 하고, 성장하게 하는 기술이다. 여기서 가장 중요한 것은 인간에 대한 존중이다.

사람을 도구로 보는 리더와, '존재Being'로 보는 리더는 피드백의 질 자체가 다르다.

코칭 리더십의 핵심은 사람에 대한 존중, 경청, 질문, 피드백, 즉 필자가 정리한 '사·경·질·피' 네 가지이다. 자세한 내용은 필자의 저서 《이전의 팀장이 사라진다》 코칭 리더십 실천편111-119p을 참고하면 도움이 된다. 특히 젊은 세대와 함께 일하는 리더라면, 주제를 정해 끊임없는 대화와 피드백을 이어가는 것이 살아 있는 학습이다.

아래는 필자가 젊은 세대와 업연業緣, 인간관계, 신뢰를 주제로 나누었던 실제 대화 일부이다.

2) 젊은 세대와의 대화: 업연·관계·신뢰에 대하여

〈대화 1 – '업연(業緣)'에 대하여〉

◯ 필자

"조직생활에서는 지연·학연·혈연보다 업무를 통해 배우고 성장하는 업연業緣이 중요하다고 생각하는데, 요즘 젊은 세대는 어떻게 느끼는지요?"

◯ 젊은 세대

"요즘 젊은 세대는 업연을 '일을 통해 맺어진 **일시적 관계**' 정도로 인식합니다.

업연은 본질적으로 '사람이 좋아서 만난 관계'라기보다 '일로 인해 맺어진 인연'이기 때문에 결이 맞으면 자연스럽게 이어가되, **무리해서 유지할 필요는 없다**고 생각합니다.

최근 주변을 보면, 이해관계가 없는 집단은 주로 **주말·여가 시간**에 만나고, 이해관계가 있는 집단은 평일에만 만나는 식으로 관계의 경계를 나누는 경우가 많습니다.

결국 업연 역시 굳이 강조하거나 의무적으로 이어가야 할 관계라기보다, **시간의 흐름 속에서 자연스럽게 남는 관계**로 이해하는 것이 지금 세대의 현실적인 태도 같습니다."

〈대화 2 – 대내외 인간관계에 대해〉

◯ 필자

"조직 내·외부의 인간관계는 업무 성과와 성장에 영향을 주고, 우리에게 행복을 주는 요소이기도 합니다. 젊은 세대는 대내외적 인간관계를 어떻게 보고 있나요?"

◯ 젊은 세대

"저는 나와 잘 맞는 사람들과 관계를 유지하는 것이 시간·에너지 효율을 높이는 일이라고 생각합니다. 서로의 민감한 지점을 넘지 않고 공존하는 것이 중요합니다.

미국에서는 이를 '공화'의 덕목으로 보고, 서로 피해를 주지 않는 태도를 가장 중시합니다. 이 원리가 제도화된 것이 법이고, '데드라인'이라는 개념 역시 상대의 선을 넘지 말자는 사회적 합의에서 비롯된 것으로 알고 있습니다.

세대와 환경이 달라진 지금, 한국적 인간관계를 대표하는 '정情'의 방식도 조금 더 합리적이고 균형 잡힌 형태로 바뀔 필요가 있다고 생각합니다."

〈대화 3 – 불편한 관계에 대한 태도〉

◯ 필자

"불편한 감정이 남는 사람들과의 관계는 어떻게 다루고 있나요?"

◯ 젊은 세대

"저는 '문제를 만들지 않는다'는 것을 원칙으로 삼습니다

불편한 감정이 남는 사람과 이야기를 해봐도 결국 평행선인 경우가 많았고, 보이지 않는 불편함이 나중에 마찰로 이어진 경험이 있기 때문입니다.

저는 구조·원인을 짚는 대화를 좋아하는데, 그 과정에서 상대가 불편함을 느낄 수 있음을 알기에 더욱 신중해질 수밖에 없습니다.

그래서 맞지 않는 사람과는 요즘 세대답게 비교적 빠르게 관계를 정리하는 편입니다."

〈대화 4 – 신뢰에 대하여〉

◯ 필자

"조직과 사회생활에서 신뢰관계는 매우 중요합니다. 젊은 세대는 신뢰를 어떻게 보고 있나요?"

"저도 신뢰는 앞으로 더욱 중요한 **사회적 자산**이 될 것이라고 생각합니다.

특히 불확실성과 정보 과잉의 시대일수록 사람들은 '무엇을 말하느냐'보다 '**누가 말하느냐**'를 먼저 보게 됩니다.

저는 신뢰를 단순한 호감이 아니라 **상호 간의 위험을 감수할 수 있는 심리적 계약**이라고 봅니다."

〈대화 5 – 신뢰를 만드는 방식〉

"그렇다면 신뢰는 어떻게 형성된다고 생각하나요? 젊은 세대만의 방식이 있다면?"

"조직에서 상사가 신뢰 없이 정보를 캐묻는 행동은, 의도가 그렇지 않더라도 상대에게 '나에게 관심이 있어서가 아니라 **정보를 얻으려는 사람**'이라는 인상을 줍니다.

그런 상황에서는 이야기를 하기 어렵고, 결국 관계가 끊어지면서 정보보다 '사람을 잃는 결과'로 이어질 수 있습니다.

그래서 저는, 본격적인 질문에 들어가기 전에 '당신을 평가하려는 것이 아니라, 이해하려 한다'는 신호를 주는 **진정성 있는 라포 형성**이 중요하다고 생각합니다.

인도에서 지냈을 때, 신뢰가 쌓이기 전에는 사회적 지위나 배경을 드러내지 않고, 신뢰가 형성된 후에야 자신을 드러내는 문화를 경험했습니다.

그 경험을 통해 '신뢰를 통해서만 관계가 열린다'는 사회적 질서를 배웠습니다."

〈대화 6 – 세대 간 신뢰의 단절 지점〉

◯ 필자

"요즘 기성세대와 젊은 세대 간 신뢰 관계는 어떻게 느껴지나요?"

◯ 젊은 세대

"앞서 말씀드린 것처럼, 기성세대는 종종 정보를 얻기 위해 질문을 던지지만, 젊은 세대는 그 안에서 '이용당하는 감정'을 느낍니다.

그래서 '그건 말씀드리기 어렵습니다.', '그건 우리가 나눌 이야기는 아닌 것 같습니다.'와 같은 말로 스스로를 보호하게 됩니다.

그 순간이 바로 **세대 간 단절의 시작**이라고 생각합니다. 상호 존중의 문화를 조직문화 혁신의 핵심 요소로 받아들여야 한다고 생각합니다."

〈대화 7 – 신뢰를 지키는 젊은 세대의 방식〉

◯ 필자

"신뢰를 지키기 위한 젊은 세대의 태도는 어떠한가요?"

◯ 젊은 세대

"제 개인적인 사례를 하나 말씀드리면, 불편한 상황이 있었던 상대에게 식사비와 대화 중 발생한 비용을 송금한 적이 있습니다.

저는 이것이 감정적 거리두기가 아니라 **관계를 공정하게 정리하는 방식**이라고 생각합니다. 불편한 감정을 남기기보다, 서로의 이해관계를 명확히 정리하는 것이 오히려 신뢰를 지키는 방법일 수 있습니다.

이 과정에서 상대가 진심으로 관계를 이어 가고 싶어 하는지, 아니면 형식적인 관계에 머무르고 싶은지를 자연스럽게 알게 됩니다.

결국 신뢰란 **상대의 내면을 존중하는 태도**이며, 정보를 얻기 전에 먼저 관계를 쌓는 노력이라고 생각합니다.”

필자는 젊은 세대와의 이런 대화 속에서 많은 성찰을 했다.

위 대화들이 모든 젊은 세대의 생각을 대표한다고 할 수는 없지만, 분명한 흐름과 방향성은 읽을 수 있다.

“젊은 세대를 더 이해하려는 노력이 리더에게 꼭 필요하다.”

앞으로 조직이 지속되려면 ‘존중과 공감을 통한 공존’을 새로운 경영 언어로 받아들여야 한다. 이런 태도가 공동체적 학습 문화로 자리 잡을 때 조직의 지속 가능성은 더욱 높아질 것이다.

3) “열심히 했는데 착각이었을 수도 있다”는 고백

〈젊은 세대와의 대화〉 칼럼에서 필자는 젊은 세대가 기성세대의 의견에 동참해주길 기대하는 것 자체가 어찌 보면 **기성세대의 착각**일 수 있다고 썼다.

“어떻게 그들을 우리 방식에 맞게 만들 것인가?”가 아니라, “어떻게 우리가 그들을 **존중하고 함께 갈 것인가?**”를 먼저 고민해야 한다고 강조했다.

이 글에 대해 한 은퇴한 임원이 이렇게 코멘트했다.

“제가 현직에 있을 때 열심히 하면 ‘맞는 일’을 한다고 생각한 것이 착각이었습니다. 그게 착각이라면, 저는 열심히 일할수록 **오히려 피해를**

끼치고 있었던 것입니다. 지금에서야 반성하게 됩니다."

"또 하나 느낀 것은, 직장에서는 상하 관계로 상사의 지시를 받고 일을 하지만 결국 상사는 먼저 떠나고, 후배는 남게 된다는 점입니다. 그런 상사가 떠난 뒤에는 **평가는 후배가 하고, 상사는 평가를 받게 됩니다.** 상사도 처음엔 후배였는데, 개구리가 올챙이 시절을 잊는 것 같습니다. 자기 생각이 현명하다는 착각에서 벗어나야 합니다."

이 말은 많은 것을 다시 생각하게 만드는 메시지이다.

4) 관계를 리셋하고 다시 성공한 한 임원 이야기

필자는 몇 년 전 한 임원과의 코칭 대화를 떠올린다.

그는 적극적인 태도, 조직에 대한 높은 충성심, 탁월한 실적 덕분에 임원으로 승진했다. 그러나 팀장 시절과 달리 대규모 조직을 운영하는 과정에서 **의욕이 너무 앞서다 보니,** 다소 강압적인 언행을 했고 젊은 세대의 감정을 상하게 한 적이 있다고 고백했다. 이후 그는 자신의 잘못을 인정하고 성찰하며, 직원들과의 관계를 **다시 리셋**했다. 그 결과, 조직 운영과 성과 모두에서 **다시 신뢰를 회복하고 성공할 수 있었다.**

임원 세대와 MZ세대는 왜 소통이 어려운가?

이에 대한 보다 구체적 내용은 필자의 저서 《AI 시대 코치형 리더의 탄생》 중 임원 세대와 MZ세대의 9가지 차이225-242p를 참고하면 도움이 될 것이다. 조직이 지속 성장하고, 구성원이 함께 성장·발전하려면, **임원 등 기성세대와 젊은 세대 간 상호 존중과 공감**이 뒷받침되어야 한다.

5) '성과 있는 의미'와 '의미 있는 성과'가 동시에 태어날 때

지금은 **임원 세대가 젊은 세대를 보는 관점 전환**이 절실히 필요한 시점이다. 기성세대는 젊은 세대의 이야기를 경청하고, 그들에게 **힘과 용기를 주는 역할**을 해야 조직이 산다. 조직이 살아야 성과도, 성장도 가능하다. 젊은 세대는 '일의 의미'를 중시하고, 기성세대는 '성과'를 강조할 때 둘은 서로를 스쳐 지나갈 뿐이다. 그러나 두 세대가 진심으로 만날 때 다음 두 가지가 동시에 태어난다.

'성과 있는 의미'와 '의미 있는 성과'

이것이 AI 시대 조직이 지향해야 할 리더십의 새로운 기준이다.

〈생각해 볼 화두〉

- 임원으로서 출발을 리셋하기 위해, 나만의 사명 선언문을 쓴다면 어떻게 작성할 것인가?
- 임원으로서 임기와 역할을 마치게 되는 날, 퇴임사를 지금 미리 써 본다면?
  - 나는 어떤 리더로 기억되고 싶은가?
- 임원으로서 나에게 자신감을 주는 요인 5가지를 쓴다면 무엇인가?
- AI 대전환 시대, 자기 개발을 위해 지금 어떤 학습을 하고 있는가?
- 후배들에게 '거인의 어깨'를 내어주기 위해 내가 할 수 있는 공헌은 무엇인가?

실패·위기·교훈을
자산으로 바꾸는 리더의 기술

백정선

실패야말로 리더에게 남는
유일하고도 강력한 자산이다

21세기는 불확실성이 일상이 된 시대다. 2008년 글로벌 금융위기는 세계 경제가 얼마나 쉽게 흔들릴 수 있는지를 보여주었고, 2020년 코로나19 팬데믹은 초연결 사회가 얼마나 빠르게 마비될 수 있는지를 여실히 증명했다.

여기에 AI와 디지털 전환이 주도하는 4차 산업혁명은 산업과 사회 전반을 근본적으로 뒤흔들며, 기존 패러다임을 넘어선 전혀 다른 사고와 행동을 리더들에게 요구하고 있다.

다시 질문하게 된다.

"리더는 누구이며, 리더는 무엇을 해야 하는가?"

필자는 지난 35년간 인천국제공항이라는 국가 기간 인프라 현장에서 신입사원으로 시작해, 조직의 리더에 이르기까지 수많은 도전을 경험했다. 인천국제공항공사 임원, 인천국제공항보안㈜ 대표이사, 현재 인천공항서비스㈜ 대표이사로 임무를 수행하고 있으며, 그간 기획·총무·인사·노무·교육HR, 인천공항 제2여객터미널 개장 준비, 스마트 공항 추진, 코로나19 대응 체계 수립 등 굵직한 과제를 총괄했다.

그 과정에서 내가 얻은 결론은 분명했다. 리더십의 본질은 단순한 임무 수행이 아니라 헌신·윤리성·공동체적 책임·자기실현을 모두 포함하는 '포괄적 책임감'이며, 이 책임감은 위기 속에서 가장 선명하게 드러난다는 것이다.

특히 **현장 중심의 관계 형성에서 비롯된 실천적 지혜**는 위기를 넘어서는 데 결정적인 역할을 했다. 그래서 필자는 확신한다.

"실패·위기·교훈을 자산으로 바꾸는 리더에게, 위기는 더 이상 재앙이 아니라 성장의 토양이다."

필자가 강조하는 "현장 중심 소통 리더십"이 글로벌 위기 속에서 어떻게 발휘되었는지, 그리고 그 경험을 통해 무엇이 진짜 리더십의 핵심인지 실제 사례와 함께 나누고자 한다.

위기의 심연에서 건져 올린 진주

1) 실패, 고통을 넘어선 성장의 씨앗

실패는 누구에게나 두렵고 고통스럽다. 그러나 리더의 관점에서 보면 실패는 단순한 좌절이 아니다. **가장 깊고 본질적인 학습의 기회이자, 조직 성장을 위한 자양분**이다.

역설적이게도, 성공 경험만으로는 결코 얻을 수 없는 통찰이 바로 실패에서 나온다. 캐롤 드웩Carol Dweck이 말한 '성장 마인드셋Growth

T2 시험운영 전경

Mindset'처럼, 실패를 배움과 성장의 기회로 바라볼 때 비로소 진정한 리더십 역량이 구축된다.

위기는 리더의 **참모습을 드러내는 시험대**이며, 리더의 성숙도를 가늠하는 지표이다. 실패는 '끝'이 아니라 **지속 성장을 위한 하나의 과정**이다. 특히 HR 담당자들은, 실패를 성장의 기회로 전환하는 리더의 역량이 조직 전체의 학습 문화에 얼마나 큰 영향을 미치는지를 주목해야 한다.

인천국제공항공사에서 운영본부장으로 재직할 당시 내가 겪은 가장 큰 위기는 코로나19 팬데믹이었다. '연결'을 본질로 하는 공항에서 국제선 여객 수가 97%인천공항 일일 여객 수의 최소와 최대: 최소 2020.4.19./ 2,539명, 최대 2019. 8. 4./ 234,171명 가까이 급감했고, 모든 직원의 건강과 안전은 물론 회사의 존립까지 위협받는 초유의 상황이었다.

우리는 강도 높은 방역 중심 공항 운영 체계를 구축하기 위해 밤낮없이 매달렸다. 그러나 초기에 급변하는 상황과 정보 부족으로 시행착오가 적지 않았다. 특정 방역 장비의 도입 과정에서 현장 적용이 원활하지 않았고, 직원들의 업무 부담이 과도하게 늘어나는 문제도 있었다.

그때 내가 선택한 것은 **실패를 숨기는 것이 아니라, 드러내고 함께 분석하는 것**이었다. 팀원들과 함께 실패의 원인을 끝까지 파고들며 개선책을 찾아갔다. 이 과정에서 필자는 확신하게 되었다.

"실패를 직시하고 솔직하게 인정하는 것만이 조직이 빠르게 학습하고 성장하는 유일한 길이다."

이 경험은 리더가 단순한 '문제 해결자'가 아니라, 협업·소통·집단지성의 가치를 살려 조직의 학습 문화를 조성하는 퍼실리테이터Facilitator가 되어야 함을 깨닫게 해주었다.

2) 실패를 자산으로 전환하는 리더의 태도: 솔직함과 실행력

실패를 진짜 자산으로 만들기 위해서는 리더의 태도가 바뀌어야 한다. 이는 곧 리더십의 핵심 관계 역량과 직결된다.

첫째, 책임감 있는 성찰과 근본 원인 분석이다.

필자는 현장에 직접 나가 '왜Why?'라는 질문을 다섯 번 이상 반복하는 5-Why 분석을 활용했다.

특정 방역 프로세스가 잘 작동하지 않을 때,

- "직원들이 숙지하지 못해서"에서 멈추지 않고,

- "교육 방식에 문제가 없었는지",

- "매뉴얼이 현장 상황과 어긋나지 않았는지",

- "애초 설계 단계에서 현장과 충분히 소통했는지"까지 거슬러 올라가 분석했다.

이러한 집요한 탐구 태도는 **문제의 본질을 정확하게 진단하고, 재발을 막는 실질적인 대책**을 세우는 데 필수적이다.

둘째, 투명한 공유와 확산이다.

실패는 숨겨야 할 흠이 아니라, **조직 전체가 함께 배워야 할 공용 자산이다.** 필자는 매주 진행하는 현장 팀장 회의에서 **먼저 내 실패 사례**를 공유했다. 리더가 자신의 약점을 드러내는 일은 쉽지 않지만, 이 솔직함이 직원들에게 큰 심리적 안정감을 주었다. 나아가 '실패 공유 미팅'을 정례화해 각 팀이 겪은 어려움과 교훈을 기록화Codification하고, 공유Knowledge Sharing하며, 재활용Reframing & Reuse하도록 독려했다.

초기에는 자신의 실패를 드러내는 것에 주저했지만, 리더의 솔선수범과 "실패는 성장 기회"라는 인식이 자리 잡으면서 조직은 더 단단하고 유연해졌다. 이 솔직함이 곧 심리적 안정감Psychological Safety을 만들었고, 구성원들은 보다 자유롭게 아이디어를 제안하고 새로운 시도를 할 수 있었다.

셋째, 긍정직 피드백 수용이다.

실패 이후 내부·외부의 피드백을 열린 마음으로 받아들이는 것은 성숙한 리더의 필수 자질이다. 때로는 불편하고 아픈 피드백일지라도, 이를 개선의 기회로 삼을 때 시야가 넓어지고 한계를 넘을 수 있다.

특히 현장 직원들의 솔직한 목소리와 고객의 불만은 리더가 놓쳐서는 안 될 가장 중요한 피드백이다. 리더는 지시자가 아니라, 관계의 질을 높이고 성장을 촉진하는 촉매자catalyst여야 한다.

3) 국내 기업 사례: 위기를 넘어선 재도약의 교훈

우리나라 기업들도 급변하는 환경 속에서 수많은 위기와 실패를 겪으며 오늘의 위치에 올랐다. 그들의 경험은 단지 역경을 극복한 스토리가 아니라, **실패를 귀중한 자산으로 전환하여 지속 가능한 성장 기반으로 삼은 리더십의 기록**이다.

여기에는 공통적인 리더의 모습이 있다. 문제를 회피하지 않고 정면으로 마주하며, 투명성을 기반으로 신뢰를 다시 세우고, 위기관리 시스템과 조직 체질을 근본적으로 개선하는 용기와 지혜를 발휘했다는 점이다. 이는 리더가 단순한 의사결정자가 아니라, **일·관계·성장의 전 과정에 깊이 관여하는 존재**임을 보여준다.

[사례 1] 삼성전자 갤럭시 노트7 발화 사건
신뢰 회복을 위한 투명한 자기 반성과 혁신

2016년 8월, 삼성전자의 전략스마트폰 갤럭시 노트7은 출시 직후 잇따른 발화 사고로 **전량 리콜**이라는 초유의 사태를 맞았다. 이는 기업의 존립과 글로벌 브랜드 이미지, 그리고 시장 점유율까지 모두 흔들릴 수 있는 중대한 위기였다. 그러나 삼성전자는 위기를 축소하거나 은폐하지 않았다. 대신 전사적 역량을 총동원해 문제 해결에 나섰고, 최고경영진이 직접 나서 **원인 조사와 대응 상황을 반복적으로 대외 공개**했다.

소비자 안전을 최우선 가치로 두고, 원인 규명 과정을 투명하게 공유하며, 이후 품질 관리 시스템을 전면 개편해 안전 기준을 한층 강화했다. 이 사건은 단기적 위기를 넘어, **품질·안전 중심의 기업 혁신**을 촉발한 계기가 되었다. 문제를 숨기지 않고 정면 돌파한 리더십, 그리고 현장과 고객의 목소리를 최우선으로 한 태도가 핵심이었다.

[사례 2] 매일유업 멜라민 파동 대응
현장과의 소통으로 이뤄낸 소비자 신뢰 회복

2008년 중국의 멜라민 분유 파동은 국내 유업업계 전체에 심각한 불신을 가져왔다. 매일유업 역시 불매운동과 매출 급감이라는 거대한 파고에 직면했다. 이때 매일유업은 단순한 사과문 발표에 그치지 않았다. 자발적 리콜, 공장 전면 개방, 제조 공정의 언론·소비자 공개, 최고경영진의 직접 현장 소통과 설명 등 위기 대응의 전 과정을 **투명하게 열어 보였다.**

이는 단순한 위기관리 차원이 아니라, "소비자 신뢰 회복"을 가장 중요한 가치로 삼은 리더십의 실천이었다. 그 결과 매일유업은 단기 충격을 넘어서 **소비자 중심 경영 가치를 강화하는 계기**를 마련했다. 위기에서의 투명성, 신속한 정보 공개, 진정성 있는 소통이 장기적으로 기업 이미지를 지켜내는 핵심이라는 사실을 보여준 사례이다.

[사례 3] 인천국제공항공사의 코로나19 팬데믹 대응
혁신으로 '방역 공항'의 글로벌 표준을 제시

인천국제공항공사는 코로나19로 인한 전례 없는 위기를 정면으로 맞닥뜨렸다. 국제선 여객 수가 97% 가까이 급감하며 매출이 사실상 바닥을 쳤고, 직원들의 불안감도 커져갔다.

그러나 우리는 이 상황을 단지 '버티는 시간'으로 두지 않았다. **방역**

인천공항 T2 코로나19 검사센터

중심 공항 운영 체계를 구축하고, 포스트 코로나 시대를 준비하기 위해 '스마트 방역 프로젝트 팀'을 신설하여 위기를 **미래 혁신의 기회**로 전환하고자 했다.

초기에는 수많은 시행착오가 있었다. 하지만 우리는 이를 실패가 아닌 '실험'으로 정의하고, 매일 현장에서 올라오는 피드백을 바탕으로 시스템을 계속 개선했다. 초기에 도입한 발열 체크 시스템의 비효율성을 발견하자, 동선을 재설계하고 자동화된 시스템을 도입했으며, 현장 직원들의 제안을 적극 반영해 운영 방식을 계속 업데이트했다.

또한, 통합운영센터 내 비상대책본부를 설치해 24시간 대응 체계를 유지하고, 공용지역 에탄올 소독을 일 1회에서 3회로 강화하며, 샤워실, 유아휴게실, 어린이 놀이터 등 다중시설과 문화공연을 일시 중단하는 등 방역 수준을 선제적으로 높였다. 그 결과 인천공항의 방역 모델은 **'K-방역'의 대표 사례**로 인정받았다. 하노이, 호치민, 발리, 치앙마이 등 해외 공항에 방역 노하우를 수출했고, 아시아·태평양 지역 공항 중 최초로 국제공항협의회ACI의 '공항방역인증'을 획득하는 성과를 얻었다.

이 모든 것은 위기 속에서 얻은 교훈을 **조직의 지속 가능한 자산으로** 전환한 결과였다. 삼성전자와 매일유업의 사례는 산업과 위기의 형태는 달랐지만, 공통적으로 **문제 은폐보다 투명한 공개, 단기 이익보다 고객 안전·신뢰 우선**이라는 리더십을 보여주었다. 이러한 교훈은 인천국제공항의 코로나19 대응에도 큰 인사이트를 주었고, 앞으로 국내 기업뿐 아니라 글로벌 기업들에게도 **위기관리와 리더십의 중요한 방향성**을 제시해 줄 것이다.

리더십의 본질은 결국 단순하다:
위기에서 선명해지는 한 가지

현장이 곧 답이다愚問賢答

1) 혼돈 속에서 지켜야 할 단순한 원칙: 신뢰와 소통

글로벌 위기가 상시화된 지금, 복잡한 문제일수록 복잡한 해법이 필요해 보이지만, 리더십의 본질은 오히려 더 단순한 원칙으로 돌아간다. 그 핵심은 **신뢰, 투명성, 소통**이다. 위기 상황에서 리더의 불안은 조직 전체에 전염된다. 따라서 리더는 자신의 감정을 먼저 다스리고, 구성원들이 의지할 수 있는 '흔들리지 않는 나침반'이 되어야 한다. 사람들은 리더의 말보다 **표정과 행동**을 먼저 읽는다. 리더의 침착함이 조직의 안정으로 이어진다.

AI 시대의 리더는 단순히 지시하는 사람이 아니다. 불확실한 상황 속에서 심리적 안정감을 제공하고, 새로운 기술 도입 과정에서 생길 혼란을 최소화하며, 인간적 관계를 바탕으로 협업을 이끌어내는 역할이 더욱 중요해지고 있다.

인천공항에서 경영자로 일하며 필자는 수없이 위기와 마주했다. 대규모 공항 운영의 복잡성, 예측 불가능한 비상상황, 서로 다른 이해관계자의 상충된 요구를 조정해야 하는 순간마다, 내가 다시 붙잡은 원칙은 하나였다.

"아무리 상황이 복잡해도, 솔직함과 열린 소통이 결국 모든 문제를 푸는 가장 단순하고 확실한 방법이다."

현장에서 반복해 확인한 진실은 이렇다. **말보다 행동, 지시보다 공감**이 더 큰 울림을 만든다는 것. 이 믿음이 나의 일 방식의 중심이 되었고, 조직원들과의 신뢰를 쌓는 토대가 되었으며, 조직의 성장을 이끄는 중요한 동력이 되었다.

2) 현장에서 교훈을 발견하는 리더의 핵심 태도: 겸손과 공감·경청

같은 현장을 보더라도, 어떤 리더는 답을 찾고, 어떤 리더는 아무것도 발견하지 못한다. 차이는 **태도**에서 나온다. 진짜 답은 책상 위 보고서에만 있지 않다. 문제의 본질은 언제나 현물現物과 현장現場에 있다.

이는 토요타 생산 시스템의 '겐바Gemba' 철학이지, 톰 피터스Tom Peters가 말한 MBWAManagement By Wandering Around의 핵심이다.

AI는 데이터를 분석하고 최적의 솔루션을 제시할 수 있다. 그러나 **현장의 맥락을 이해하고, 감정까지 고려한 결정을 내리는 일은 인간 리더의 몫**이다.

리더는 "내가 답을 다 알고 있다"는 오만을 버리고, "현장에서 배우겠다"는 겸손한 자세로 발로 뛰고 귀 기울여야 한다. 이 태도는 HR 담당자에게도 매우 중요한 리더십 덕목이다.

필자의 리더십 역시 **현장 중심 태도** 위에 세워졌다. 인천국제공항보안㈜ 대표이사 취임 첫날, 가장 먼저 한 일도 현장방문하고 노동조합관계자 만남이었다. 이후에도 근무 시간 중 많은 시간을 현장에 머물고, 공항이 24시간 365일 운영되는 특성을 반영해 매주 주말 하루를 '리스닝 워크Listening Walk'로 정해 현장을 찾아 갔다.

인천국제공항공사 운항본부장·운영본부장 시절에는 관제탑, 보안 검색대, 수하물 처리 구역, 교통시설, 환경미화원 휴게실까지 공항 곳곳을 찾아다니며 직원들의 일상과 고충을 직접 들었다. 그 과정에서 필자 보고서로는 절대 알 수 없는 문제점을 발견할 수 있었고, 현장 직원들이 가진 기발한 해결 아이디어를 수없이 발견했다.

보안 검색 요원이 발의 극심한 피로를 호소하자, 우리는 기능성 신발 소재와 사양을 시험기관에 보내 개선을 시도했고, 그 결과 직원 만족도와 업무 효율성이 함께 높아졌다. 또 한 번은 보안검색원 휴게실을 찾았다가, 휴식 공간 부족과 노후한 집기 상태를 보고 즉시 개선을 지시했다. 직원들은 "대표가 우리의 어려움을 진심으로 이해해준다"고 느꼈고, 이 공감은 자발적인 업무 몰입과 서비스 품질 향상으로 이어졌다. 이처럼 리더의 겸손한 경청은 현장 전문가들의 지혜를 이끌어내고, 조직 내 '수직적 공감'을 형성해 신뢰를 바탕으로 변화와 혁신을 가능하게 한다.

현장 방문은 단순한 시찰로 끝나서는 안 된다. 겉으로 보이는 현상 뒤에 있는 근본 원인과 패턴을 찾으려는 날카로운 문제의식과 집요함이 필요하다. 필자 문제가 생기면 "왜 그런가?"를 끝까지 물었고, 관련 직원들을 직접 만나고 데이터를 함께 보며 실타래처럼 얽힌 문제의 핵심을 추적했다. 이러한 탐구적 태도가 없이는, 현장은 그저 '둘러본 곳'으로 남을 뿐이다. 진짜 리더는 현장을 **배움의 교실**로 바꾸는 사람이다.

3) 국내 기업 사례: 본질에 집중해 위기를 돌파한 리더들

우리 기업의 역사에도, 현장 중심의 단순한 원칙으로 위기를 극복한 사례가 적지 않다. 이 사례들은 **일의 본질에 집중하고, 관계를 재정립하며, 성장 방향을 새로 설계한 리더들의 기록**이다.

[사례 1] LG전자 스마트폰 사업 철수

냉철한 자기 분석과 선택·집중

LG전자는 한때 휴대전화 시장에서 독자적인 기술과 디자인으로 주목받았다. 그러나 2010년대 중반 이후 글로벌 경쟁이 심화되면서, 운영체제, 사용자 경험, 생태계 측면에서 경쟁사에 뒤처졌고, 막대한 마케팅 투자에도 시장 점유율은 회복되지 않았다.

스마트폰 사업은 오랜 기간 적자를 지속하며 회사 전체의 재무 건전성까지 위협하기 시작했다. 이때 LG전자가 선택한 것은 "유지"가 아니라 "정리"였다. 스마트폰 사업 철수 결정은 단순한 실패 인정이 아니라, 손실의 악순환을 끊고 **회사의 역량을 재배치하기 위한 전략적 선택**이었다. 이후 LG전자는 인공지능, 로봇, 전장電裝 등 미래 성장성이 높은 영역에 역량을 집중했다.

결과적으로 스마트폰 사업 철수는 뼈아픈 결정이었지만, 장기적으로는 **새로운 도약의 발판**이 되었다. 때로는 "버리는 용기"가 도약의 조건이 된다는 것을 보여준 사례다. AI 시대의 전략 역시, 무엇을 더할 것인가보다 무엇을 내려놓을 것인가를 먼저 결정하는 데서 시작된다.

[사례 2] 현대자동차 정몽구 회장의 품질 경영

현장 중심의 뚝심으로 본질 가치 혁신

1980~90년대 현대자동차는 "가격은 저렴하지만 품질은 아쉽다"는 이미지를 벗어나지 못했다. 그러나 정몽구 회장은 자동차의 본질이 '품질'에 있다고 보고 모든 역량을 그 하나의 가치에 집중했다.

그는 직접 공장을 찾아 세세한 부분까지 점검하고, 생산 공정의 작은 불량도 놓치지 않으며 개선을 요구했다. 현장 직원들과 끊임없이 소통하면서 "품질은 타협할 수 없는 가치"라는 철학을 조직 전체에 뿌리내렸다. 구호가 아니라 행동으로 보여준 품질 경영은 시간이 흐르며 현대차의 브랜드 이미지를 완전히 바꾸어 놓았다. 오늘날 현대자동차가 글로벌 시장에서 일본·미국 브랜드와 어깨를 나란히 할 수 있게 된 배경에는 바로 이 **본질에 충실한, 현장 중심 리더십**이 있다.

[사례 3] 인천공항서비스㈜의 고객 및 현장 중심 경영

작은 변화로 만드는 큰 신뢰

필자가 대표이사로 있는 인천공항서비스㈜에서 우리는 "국민에게 공항 이용에서 가장 중요한 것은 무엇인가?"라는 질문을 통해 항상 현장에서 찾으려 한다. 장거리 비행에 따른 승객의 피로, 매일 공항을 출퇴근하는 상주 직원들의 이동과 생활 불편 등은 표면적인 수치만으로는 보이지 않는 문제였다.

우리는 공항 내 매표·세차·주유 서비스, 승무사원 휴게시설, 상주직원 편의시설 등을 꾸준히 개선하며 직원과 이용객 모두의 경험을 높이고자 했다. 또한 대중교통 연계를 강화해 공항 접근성을 높이는 데도 힘썼다. 이러한 조치는 단기 실적을 위한 것이 아니었다. **"국민 편의 최우선"이라는 핵심 가치를 현장에서 구현하는 과정**이었다.

리더의 관심과 현장 투자는 결국 고객 만족과 조직 효율이라는 선순환으로 돌아왔다. 작은 변화가 **큰 신뢰**를 만드는 과정이었다.

LG전자의 과감한 사업 철수와 현대자동차의 품질 집중 전략은 서로 다른 선택처럼 보이지만, 결국 **본질을 붙잡는 리더십**이라는 같은 메시지를 준다. 필요 없는 것을 버리는 용기, 꼭 붙잡아야 할 가치를 끝까지 지키는 집중력. 둘 다 위기를 돌파하는 힘이다.

이 교훈은 인천공항서비스㈜의 '작은 변화로 만드는 신뢰 경영'에도 그대로 적용되었다. 경영 환경이 빠르게 변하는 오늘, 복잡한 해법을 찾기보다 **본질로 돌아가 현장에서 답을 찾고, 선택과 집중을 실행하는 리더십**이야말로 진짜 경쟁력이다.

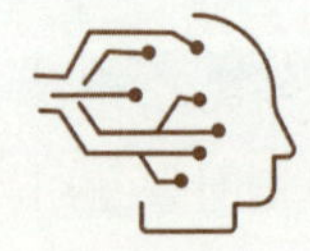

교훈을 성과로 바꾸는 리더의 실전 전환법

학습된 지혜가 혁신의 불씨가 되기까지: 실행과 피드백의 순환

위기와 실패를 통해 얻은 교훈이 진정한 가치를 가지려면, 그것이 단순한 지식으로 머무르지 않고 **실제 성과와 혁신으로 연결**되어야 한다. 리더의 역할은 바로 이 **'학습-실행-피드백-개선'의 선순환 고리**를 설계하고 유지하는 데 있다.

얻은 교훈을 추상적인 슬로건으로 남겨두지 않고, 현장의 언어로 번역하고, 구체적인 행동 강령과 개선 프로세스로 전환하는 것이 중요하다.

특히 AI 시대에는 **데이터와 인공지능의 분석 결과를 현장에 적용하고, 그 결과를 다시 피드백하여 시스템을 정교화하는 과정**이 리더의 중요한 일이 될 것이다.

필자는 인천국제공항공사 스마트추진단장으로 2018년 2월 보임한 이후, 가장 주력했던 일 가운데 하나가 **'스마트 공항 마스터플랜'** 수립이었다. 당시 공항의 주요 시설과 운영 시스템은 여전히 아날로그 방식에 의존하는 부분이 많았고, 효율성 측면에서 시급한 개선 과제가 산적해 있었다.

이 문제를 해결하기 위해 AI와 최첨단 IT 기술을 도입하는 대규모 프로젝트를 시작했다. 그러나 **아무리 좋은 기술도 현장에 제대로 안착되지 않으면 무용지물**이다. 단순한 신기술 도입이 아니라, 조직원들이 새로운 일하는 방식에 적응하고, **기술과 사람의 관계를 자연스럽게 조율하는 것**이 핵심이었다. 그래서 우리는 직원들과 함께 "빠르게 실행하고, 빠르게 배우고, 빠르게 개선하는" **애자일**Agile **방식**을 도입했다.

AI 기반 자동 수하물 분류 시스템을 업그레이드할 때, 처음부터 완벽한 시스템을 만들기보다 **핵심 기능 중심의 버전 업그레이드**를 하고 현장에 시범 적용했다. 그리고 매일 현장 작업자들로부터 직접 피드백을 받았다.

"로봇 팔의 움직임이 너무 빨라 작업자가 위험하게 느껴진다."

"특정 크기의 수하물은 인식이 잘 안 된다."

이런 생생한 목소리를 바로 다음 설계와 조정에 반영했다. 그 결과, **현장의 '실패'에서 얻은 교훈이 다음 날 시스템의 '성과'로 연결되는 구조**가 만들어졌다.

이러한 반복적·의도적인 개선 과정은 조직 전체의 학습 능력을 강화하고, 변화에 대한 저항을 줄이며, 혁신을 예외적 사건이 아니라 **일상의 리듬**으로 만들었다. 기술의 성장이 곧 조직의 성장으로 이어지려면, 리더는 바로 이 **학습-실행-피드백-개선 루프**를 설계하고 끝까지 돌리는 사람이어야 한다.

문제 해결을 넘어 기회 발굴로: 현장의 통찰이 이끄는 성장

진정한 혁신은 단순히 기존의 문제를 해결하는 것을 넘어, **위기와 실패 속에 숨어 있는 새로운 사업 기회를 발견하고 시장을 선점하는 능력**에서 나온다.

리더는 과거의 교훈을 기반으로 **미래를 읽는 시야**를 가져야 한다. AI 시대에는 방대한 데이터 분석 능력에 현장에서 발휘되는 리더의 직관Insight이 결합될 때 최적의 성과가 나온다. 이는 특히 임원과 차세대 리더 후보군이 반드시 갖추어야 할 성장 역량이다.

코로나19 팬데믹으로 국제선 여객이 급감하는 위기 속에서도, 우리는 한 가지 질문으로부터 출발했다.

"지금 이 상황에서, 국민들에게 정말 필요한 공항 서비스는 무엇인가?"

해외여행이 사실상 불가능해진 상황에서, 내국인 대상 서비스 강화가 필요하다는 현장의 목소리가 나왔다. 우리는 이를 '**신규 비즈니스 모델**'의 기회로 보았다.

위기 속에서 얻은 이러한 교훈을 기반으로, 우리는 공항 상업 시설의 운영 효율을 높이고, 방역 기능을 최적화했으며, 그 결과 ACI 고객 경험 인증 4단계매우 높은 수준의 고객 경험 제공를 세계 최초로 획득하는 성과를 냈다.

이는 단지 위기를 버텨낸 것이 아니라, 위기 속에서 **고객과 현장의 목소리에 귀 기울여 새로운 가치를 창출한 결과**였다. 리더는 일하는 과정에서 형성되는 **현장과의 관계**를 통해 위기를 성장의 기회로 전환하는 능력을 발휘해야 한다. 그 관계 속에서 성장의 방향과 속도가 결정된다.

국내 기업의 혁신 사례와 나의 실천

수많은 국내 기업들 역시 위기에서 얻은 교훈을 통해 눈에 띄는 성과와 혁신을 이뤄냈다. 이는 AI 대전환 시대에도 실패를 좌절이 아니라 차세대 성장 자원으로 삼으려는 집념, 그리고 변하지 않는 리더십의 본질이 여전히 유효함을 보여준다.

[사례 1] 네이버의 '글로벌 실패, 라인LINE 성공' 교훈

현지화 전략을 통한 성공 신화

네이버는 과거 미국 등 해외 시장 진출에서 뼈아픈 실패를 경험했다. 그러나 이 실패를 통해 '한국 기업의 강점은 무엇인가', '해외 시장에서는 무엇이 통하지 않는가'를 깊이 깨닫게 되었다. 네이버는 단순히 기술력만으로 승부하려 하지 않고, 현지 시장과 사용자 니즈를 철저히 분석하고, 문화와 생활양식을 세밀하게 반영하며, 현지 파트너와 긴밀히 소통하는 과정 속에서 메신저 '라인LINE'을 개발해 일본과 동남아시아 시장을 석권했다. 이는 실패를 단순한 좌절이 아닌, **더 큰 성공을 위한 학습과 전략 전환의 과정**으로 삼은 리더십의 사례이다. 리더의 일은 자사의 기술을 일방적으로 홍보하는 것이 아니라, **현지와의 관계를 통해 새로운 성장 동력을 발견하는 일**임을 보여준다.

[사례 2] 현대카드의 '위기 이후 혁신' 전략

본질을 꿰뚫는 브랜드 재정립

과거 신용카드 사태로 많은 금융사가 큰 어려움을 겪을 때, 현대카드는 이 위기를 단순한 재무 위기로 보지 않았다. 그들은 "금융의 본질은 무엇인가?", "고객 경험은 어떻게 달라져야 하는가?"라는 근본 질문을 던졌다.

이 질문을 토대로 파격적인 디자인 카드, 빅데이터 기반 맞춤형 마케팅, 고객 라이프스타일에 맞춘 서비스 등을 도입하며 국내 카드 시장에 새로운 기준을 만들었다. 위기를 **브랜드 가치와 고객 경험을 재정립하는 기회**로 본 리더십이었다. 이 사례는 위기가 조직의 일하는 방식을 근본적으로 되돌아보고, 고객과의 관계를 재설계해 **새로운 성장을 이끄는 전환점**이 될 수 있음을 보여준다.

[사례 3] 인천국제공항공사의 무착륙 국제관광비행

위기 속 생태계 보존과 혁신 동력

코로나19 팬데믹은 항공·관광 산업을 사실상 멈춰 세웠다. 이 절체절명의 상황에서 인천국제공항은 '무착륙 국제관광비행'을 통해 위기 극복의 새로운 길을 모색했다.

무착륙 국제관광비행은 여권을 가진 승객이 인천공항에서 출발해 주변 국가 영공을 비행한 후 실제 입국 절차나 격리 없이 일반 해외여행과 동일한 면세 혜택을 누릴 수 있도록 한 상품이었다. 이는 여행의 갈증을 해소하는 동시에, 항공·면세·관광 산업의 생태계를 지키기 위한 **전략적 실험**이었다.

2020년 12월부터 2022년 6월까지 약 1년 6개월간, 국내 8개 항공사가 20~30만 원대 항공권으로 총 269회를 운항했고, 28,607명의 탑승객이 이용했다. 면세품 총 구매액은 391억 원에 달했고, 탑승객 1인당 평균 약 148만 원의 면세품을 구매해 위축된 내수 시장에 큰 활력을

무착륙 관광 대상자 동선 안내

무착륙관광비행 면세소핑후 탑승직전 모습

불어넣었다. 이 프로그램은 항공·면세·관광산업이 위축된 가운데 한시적이나마 신규 수요를 창출하고, 업계 임직원의 고용 유지에 기여했으며, 항공기 가동률과 조종사 면허 유지 등 운영 측면에서도 **마지노선을 지키는 역할**을 했다.

더 나아가 무착륙 비행은 입국장 면세점 확대, 스마트 면세점·온라인 연계 등 새로운 비즈니스 모델을 실험하도록 만들었다. 즉, **디지털 전환과 서비스 혁신을 촉진하는 촉매제**가 되었다. 정리하면, 무착륙 국제관광비행은 "시장 붕괴 방지", "회복 분위기 조성", "리오프닝재개을 위한 브리지Bridge" 로서 상징성과 정책 실험 효과를 인정받은 사례이다. 단순한 단기 실적이 아니라, **산업 생태계의 지속 가능성을 지키는 최소선**을 유지한 전략적 시도였다고 볼 수 있다.

네이버와 현대카드는 실패를 학습과 전략 전환의 자산으로 삼았고, 위기를 본질적 변화와 고객 혁신의 기회로 활용했다.

이러한 교훈은 인천국제공항이 팬데믹이라는 전례 없는 위기 속에서 기존 방식에 머무르지 않고 **무착륙 국제관광비행**이라는 새로운 모델을 설계·실행할 수 있었던 **정신적·전략적 토대**가 되었다. 즉, 실패와 위기의 학습, 시장과 고객 중심의 본질적 변화, 생존을 넘어 성장으로 이어지는 전략이라는 공통된 인사이트가 인천공항의 결정과 실행에 깊이 영향을 미쳤다.

다만 인천공항의 무착륙 국제관광비행은 단순한 사업 연명을 넘어, 환경 변화에 능동적으로 **대응하고, 고객 니즈와 시장 요구에 맞는 새로운 가치 창출**로 이어졌다는 점에서 또 한 번의 의미를 가진다. 이는 기존 프레임을 탈피해 **새로운 산업 표준**을 설계·실행함으로써, 구조적 혁신과 생태계의 지속 가능성을 동시에 도모한 사례이다.

현장에 답이 있다 愚問賢答

위기와 실패는 리더를 시험한다. 오늘날 리더에게 필요한 역량은 결국 한 문장으로 요약된다.

"실패를 직시하고, 본질을 잃지 않으며, 현장에서 배우고, 교훈을 성과로 바꾸는 힘"이 바로 오늘날 리더의 필수 역량이다.

필자는 인천공항이라는 거대한 현장에서 이 진실을 몸으로 배웠다. 그 경험을 통해 깨달은 것은 분명하다. 리더십의 길은 화려한 전략이 아니라, **실패를 자산으로 만들고, 현장에서 답을 찾는 단순한 소명을 끝까지 지켜내는 것**이다.

10장

평생학습 루프: 실행-피드백-재도전으로 성장하는 임원

김대경

생성형 AI를 처음 접했을 때 필자는 앞으로 어떤 비즈니스든 해낼 수 있을 것 같은 자신감이 생겼다. 임원회의에서 기술 발전과 업무 적용 사례를 소개하고, 임원들과 함께 학습하기도 했다. 1년 넘게 크고 작은 실험을 계속했지만, 솔직히 초반엔 실험이 '성과'로 잘 이어지지 않았다. 신기함에 매료되고 가능성에 몰입한 나머지, 정작 성과를 만드는 데 필요한 핵심적인 '질문'과 집요한 '실행'을 놓쳤기 때문이다. 성과로 이어지지 않는 학습은 유희에 불과하며, 리더에게는 경계 대상 1호다.

CEO 취임 후, 필자는 거의 모든 핵심 업무에 AI를 도입하도록 지시했다. 고객 불만 데이터를 분석해 개선안을 제안하고, 중국어 계약서를 작성·체결했으며, 실적 데이터를 분석해 고객사에 제공했다. 돌이켜보면 관건은 "AI로 무엇을 할 수 있느냐"가 아니라 "AI를 활용해 성과가 날 때까지 어떻게 밀어주고 코칭하느냐"였다. 리더가 한 발 앞서 배우고, 작은 시도를 빠르게 성과로 엮어내는 운영 능력. 이것이 AI 시대 임원의 기본 역량이 되었다.

평생학습을 멈추는 순간, 리더십도 멈춘다

우리는 치열한 경쟁을 뚫고, 수많은 위기를 극복하며 임원의 자리에 올랐다. 그동안 쌓아 올린 경험과 직관, 그리고 조직을 장악하는 리더십은 존중받아 마땅하다. 하지만 냉정하게 인정해야 할 사실이 하나 있다. 그 업적을 쌓아 올렸던 과거의 '게임의 법칙'이 AI라는 거대한 파도를 만나 완전히 바뀌었다는 점이다.

과거 산업화 시대의 리더십은 '지식의 저량Stock'에 의해 결정되었다. 누가 더 많은 정보를 알고 있는지, 누가 더 많은 과거 사례를 경험했는지가 권위의 원천이었다. 임원실의 문턱이 높았던 이유는 그 안에 축적된 정보의 양이 달랐기 때문이다. 하지만 AI 대전환 시대의 리더십은 다르다. 이제 지식은 어디에나 있고, AI는 인간보다 훨씬 더 방대한 데이터를 순식간에 처리한다.

이제 리더의 경쟁력은 '지식의 유량Flow'에 달려 있다. 새로운 지식을 얼마나 빠르게 흡수하고, 그것을 기존의 비즈니스 맥락과 연결하여 성과로 전환하느냐가 핵심이다. 어제의 성공 방정식이 내일의 리스크가 될 수 있는 지금, 리더에게 학습은 은퇴 후를 위한 교양 쌓기가 아니다. 그것은 '오늘의 생존을 위한 실행' 그 자체이자, 조직의 운명을 가르는 가장 시급한 업무다.

AI는 도구가 아니라 비즈니스 확장 파트너

"리더가 공부해야 한다"는 말은 당위성이 아니라 철저한 실리實利의 문제다. 많은 임원이 AI를 실무자들의 전유물로 치부하거나, 기술적인 장벽 앞에서 주저한다. 하지만 필자는 스타트업 CEO로서 현장에서 직접 부딪치며 깨달았다. AI는 내가 모르는 기술을 대신해주는 하청업체가 아니라, 내 비즈니스의 지평을 넓혀주는 전략적 파트너다.

필자는 가전 설치 및 수리 서비스를 위탁받기 위해 제조사와 유통사를 만나는 B2B 영업 현장을 누볐다. 수많은 경쟁사 속에서 우리 회사를 돋보이게 하려면 고객사조차 모르는 그들의 페인 포인트Pain Point를 짚어내야 했다. 과거라면 며칠 밤을 새워 자료를 조사했겠지만, 필자는 생성형 AI를 활용했다.

2023년 9월, 국내 최대 이커머스 C사와 성사된 영업 미팅을 준비할 때였다. 망설임 없이 AI 채팅창을 열고 다음과 같이 입력했다.

"국내 최대 이커머스 C사가 최근 3년간 겪은 고객 불만 데이터의 패턴을 분석해줘. 그들이 가장 골머리를 앓고 있을 설치형 가전의 배송 지연에 대한 근본 원인을 3가지 가설로 제시해줘. 각 가설에 대한 해결안을 개발해줘".

AI는 방대한 뉴스 기사와 소셜 데이터를 분석해 인간이 놓칠 법한 패턴을 찾아주었다. 덕분에 미팅 준비 시간은 절반으로 줄었지만, 제안서의 깊이는 몇 배나 깊어졌다. 고객사는 "우리 내부 사정을 어떻게 이렇게 잘 아느냐"며 놀라워했다.

더 나아가 AI는 우리 회사의 비즈니스 모델을 확장하는 데 결정적인 역할을 했다. 가전 서비스 시장이 포화 상태에 이르렀을 때, 우리는 AI와 함께 시장 데이터를 분석하며 '인접 시장'을 탐색했다. 그때 AI가 포착한 키워드가 바로 '수전수도꼭지'이었다. 가전은 아니지만 설치와 수리가 필요하고, 기존 인력의 기술로 충분히 커버 가능하며, 고객의 니즈가 폭발하고 있는 영역이었다.

우리는 즉시 수전시장에 진입했고, 3개월 만에 월매출의 10%를 초과하는 성과를 거뒀다. 이 성공은 우리 회사가 '가전 위주'에서 '가정 방문이 필요한 모든 상품'으로 비즈니스 모델을 확장하는 결정적인 교두보가 되었다. 우리가 제공할 수 있는 서비스를 중심으로 고객의 요구를 발굴하는 과정에서 AI를 적절히 활용한 덕분에 새로운 시장의 단초를 발견할 수 있었다. AI를 학습하고 활용하는데 두려워하지 않았으며, 이를 비즈니스 확장의 무기로 삼았기에 가능한 성과였다.

학습을 멈추지 않는 리더가 조직과 함께 진화한다

세계경제포럼the World Economic Forum은 2025년 미래 일자리 보고서에서 2030년까지 직무 핵심 기술의 약 39~40%가 변화하거나 대체될 것으로 전망했다. 기술의 유통기한이 짧아지는 시대, 리더가 학습을 멈추면 조직은 혁신의 동맥경화에 걸린다. 리더의 무지는 개인의 불행으로 끝나지 않는다. 그것은 잘못된 의사결정으로 이어져 조직 전체를 위험에 빠뜨리는 '지적 리스크'가 된다.

이제 리더의 머리는 지식을 저장하는 하드디스크가 아니라, 새로운 정보를 처리하고 연결하는 CPU가 되어야 한다. 병렬 연산하는 GPU라면 더 좋다. 그리고 그 처리 능력을 조직 전체로 전파하는 '네트워크 허브'가 되어야 한다. 지금부터 소개할 내용은 거창한 이론이 아니다. 바쁜 임원들이 일상 속에서 실천할 수 있는, 그리고 나아가 조직 전체를 학습하는 조직으로 탈바꿈시킬 수 있는 현실적이고 강력한 성장 방법론이다.

실행-피드백 루프가
리더의 성장을 지탱하는 가장 큰 무기다

끊임없이 변화하는 시대에 리더를 지탱하는 힘은 어디서 오는가? 필자는 그것이 L-E-R 루프, 즉 **학습**Learn → **실행**Execute → **성찰**Reflect로 이어지는 성장 사이클의 무한 반복에 있다고 믿는다.

이는 경영학자 데이비드 콜브의 경험학습 이론을 현대 비즈니스 환경에 맞게 재해석한 것이다. 단순히 지식을 머리에 넣는 것Learn만으로는 학습이라 할 수 없다. 그것을 현장에 적용해보고Execute, 결과가 성공이든 실패든 돌아보며 교훈을 얻는Reflect 과정이 한 세트로 돌아가야 비로소 '내 것'이 된다.

왜 학습하지 않으면 경영의 좌표를 잃는가: 시네핀 프레임워크의 경고
리더에게 학습이 멈추면 단순히 도태되는 것에서 끝나지 않는다. 더 무서운 것은 상황을 오판하여 조직 전체를 엉뚱한 방향으로 전력 질주하게 만든다는 점이다. 이를 설명하기 위해 데이비드 스노든과 메리 분의 '시네핀 프레임워크Cynefin Framework'를 들여다볼 필요가 있다. 이 이론은 의사결정의 상황을 단순Simple, 복합Complicated, 복잡Complex, 혼돈Chaotic의 4가지 영역으로 구분한다.

지속적인 학습을 통해 인지 능력을 업데이트하지 않은 리더는 자신이 서 있는 곳이 어디인지 모르는 '무질서Disorder' 상태에 빠진다. 이로 인해 두 가지 치명적인 오류를 범하게 된다.

첫째, 이미 인과관계가 명확하고 전문가의 분석으로 해결 가능한 '단순'하거나 '복합적Complicated'인 상황을, 마치 질서가 없는 '복잡'이나 '혼돈' 상황으로 착각하는 경우다. 이때 리더는 검증된 해법Good Practice을 쓰면 될 일을 두고, 불필요하게 '발현적 실행Emergent Practice'이나 과도한 '혁신적 실행Novel Practice'을 시도한다. 이는 명확한 길을 두고 정글을 개척하려는 것과 같아 막대한 자원 낭비와 조직의 피로감을 초래한다.

둘째, 반대로 AI가 촉발한 시장 파괴처럼 인과관계를 알 수 없는 '복잡'한 상황을 통제 가능한 '단순' 상황으로 오판하는 경우다. 이때 리더는 과감한 실험Probe 대신 과거의 성공 방식Best Practice이나 안일한 규정을 들이댄다. 결국 시장의 변화 속도를 따라잡지 못하고 대응 타이밍을 놓쳐 조직은 끓는 물 속의 개구리처럼 서서히 침몰하게 된다.

따라서 리더의 학습은 지식 축적에 그치지 않는다. 그것은 시시각각 변하는 경영 환경의 좌표를 정확히 읽어내고, 그 상황에 맞는 최적의 전략—분석할 것인지, 실험할 것인지, 즉각 행동할 것인지—을 선택하게 하는 리더의 영점 조절Calibration 과정이다. 이 좌표 인식 능력이 없다면 실행력은 오히려 독이 된다.

많은 리더가 '실패에 대한 두려움' 때문에 실행을 주저하거나, '바쁘다는 핑계'로 성찰을 건너뛴다. 하지만 성찰 없는 실행은 경험이 아니라 단순한 노동이자 시간 소비일 뿐이다. 실패한 리더에게서 일관되게 관찰된 특징은 성공과 실패 모두에서 '성찰'하지 않았다는 점을 유념하자.

L-E-R 루프: 매일 퇴근 전 3가지 질문

좌표를 읽었다면 이제 움직여야 한다. 거창한 시스템이나 값비싼 툴이 필요한 게 아니다. 필자는 매일 퇴근 전, 엘리베이터를 기다리는 짧은 시간 동안 스마트폰 메모장에 스스로에게 딱 세 가지 질문을 던진다. 이 작은 회고 습관이 L-E-R 루프를 돌리는 핵심 엔진이다.

- Learn호기심의 영역: "오늘 업무 중 새롭게 알게 된 사실이나 지식은 무엇인가?"

  만약 답변이 떠오르지 않는다면, 그날은 나의 성장이 멈춘 날이다. 그럴 땐 퇴근길에 유튜브 10분 영상이라도 보거나 아티클 하나라도 읽어 강제로 채워 넣는다. 이 질문은 리더가 관성대로 일하는 것을 막고, 항상 호기심의 안테나를 켜두게 한다.

- Execute용기의 영역: "배운 것을 토대로 오늘 시도해 본 작은 행동은 무엇인가?"

거창한 프로젝트가 아니어도 좋다. 회의 진행 방식을 바꿔보거나, 보고서에 새로운 AI 툴을 써보는 사소한 시도라도 좋다. 지식이 머리에만 머물지 않고 손발을 통해 밖으로 나오게 하는 것이 핵심이다.

- Reflect정직의 영역: "그 시도의 결과는 어땠으며, 내일은 무엇을 다르게 할 것인가?"

실패했어도 괜찮다. 왜 실패했는지 안다면 그것은 이제 학습할 데이터다. 이 질문은 실패를 자책의 대상이 아닌 분석의 대상으로 바꾼다.

이 루틴이 일주일, 한 달, 일 년이 쌓이면 어떻게 될까? 리더는 매일 조금씩 진화한다. 어제의 나보다 단 1%라도 나아지는 감각, 그 효능감이 리더십의 근원적인 자신감을 만든다. 그리고 이 자신감은 고스란히 구성원들에게 전파된다. "우리 임원은 매일 새로워지는 사람이다"라는 인식만큼 강력한 리더십은 없다.

인지적 공생Cognitive Symbiosis: AI와 함께 생각하라

이제 개인의 L-E-R 루프에 강력한 파트너인 AI를 초대해야 한다. 리더 혼자만의 뇌로는 급변하는 세상의 속도를 따라잡기 벅차다. AI를 단순한 검색 도구나 비서가 아니라, **'공동 전략가**Co-Strategist**'**로 활용하는 단계, 이를 '인지적 공생'이라 부른다.

많은 리더가 AI 활용을 '코딩'이나 '데이터 분석' 같은 기술적 영역으로만 오해하고 뒷걸음질 친다. "나는 문과 출신이라…" 혹은 "기술은 실무자에게…"라며 선을 긋는다. 하지만 AI 공생의 핵심은 기술적 조작 능력이 아니라, 문제의 본질을 꿰뚫는 '**질문력**Questioning'과 맥락을 연결하는 '**해석력**Sensemaking'이다.

예를 들어보자. 필자가 아는 한 중견 제조기업의 공장장 A 전무는 평생 현장 관리만 해온, 전형적인 아날로그 리더였다. 그는 최근 공장 설비의 잦은 고장 문제로 골머리를 앓고 있었다. 예전 같으면 기술팀장을 불러 "왜 자꾸 고장 나느냐"고 닦달했을 것이다. 하지만 그는 변화를 선택했다. 그는 챗GPT에게 기술적 해결책이 아닌 '경영적 통찰'을 물었다.

"우리 공장의 주요 설비 고장 패턴이 A, B, C와 같다. 글로벌 제조기업들은 이런 유형의 고장을 예방하기 위해 어떤 데이터 지표를 주로 모니터링하는가? 단순히 수리하는 것을 넘어, 예지보전Predictive Maintenance을 도입했을 때 얻을 수 있는 ROI투자 대비 효과와 성공 사례를 알려달라."

AI는 진동 센서와 전류 데이터의 상관관계를 분석하는 최신 기법뿐만 아니라, 이를 도입했을 때 다운타임가동 중단 시간이 얼마나 줄어들고 비용이 절감되는지 구체적인 수치와 사례를 요약해 주었다. A 전무는 이 리포트를 들고 엔지니어들과 마주 앉았다. 그는 코딩 한 줄 짤 줄 모르지만, AI가 준 정보를 무기로 엔지니어들과 대등하게, 아니 그들보다 더 넓은 시야로 논의를 주도했다.

결국 그 공장은 예지보전 시스템을 성공적으로 도입했고, 생산성을 획기적으로 높였다. A 전무의 사례는 시사하는 바가 크다. AI 시대의 리더십은 기술을 직접 다루는 것이 아니라, AI에게 '**올바른 질문**'을 던짐으로써 전문가 조직을 이끌고 최적의 의사결정을 내리는 것이다. 이것이 바로 AI와 함께 사고를 확장하는 '증강 리더십Augmented Leadership'이다.

조직의 학습을 돕는 리더: '실패 회고 미팅'의 설계

리더 개인이 아무리 뛰어나도 조직이 배우지 못하면 성장은 멈춘다. L-E-R 루프의 마지막 단계인 '성찰'을 완성하려면, 조직 내에서 실패를 다루는 방식이 근본적으로 바뀌어야 한다. 리더는 조직의 **최고 학습 책임자**Chief Learning Officer'가 되어야 한다.

대부분의 조직에서 실패는 '숨겨야 할 것' 혹은 '문책 대상'이다. 이런 문화에서는 누구도 새로운 시도를 하지 않는다. 안전한 길만 가려하고, 혁신은 구호에 그친다. 리더는 이 두려움의 장벽을 걷어내야 한다. 어떻게? 실패를 공개적으로 칭찬하고, 그 속에서 배움을 건져 올리는 시스템을 만듦으로써 가능하다.

필자는 회사에서 프로젝트가 기대에 미치지 못했거나 사고가 터졌을 때, 담당자를 추궁하는 대신 **'실패 회고 미팅'**을 소집한다. 아마존의 COECorrection of Errors 방식을 우리 조직에 맞게 간소화한 것이다. 이 미팅의 원칙은 단 하나다. **"사람을 비난하지 않고**Blame-free, **프로세스를 비난한다."**

우리는 세 가지 질문에 집중한다.

1. 우리가 원래 기대했던 목표는 무엇이었나?
2. 실제 결과는 어떠했으며, 그 차이Gap는 왜 발생했는가? 5 Why 기법 활용

3. 그래서 다음번엔 무엇을 다르게 할 것인가? Action Item

한번은 AI 모델 개발 팀에서 "고객 이탈률 예측 모델을 도입했는데 정확도가 50%밖에 안 나왔습니다"라고 보고했다. 실패였다. 하지만 회고 미팅을 통해 우리는 원인을 파헤쳤고, 핵심 데이터 하나고객의 특정 행동 로그를 수집하지 않고 있었다는 사실을 발견했다.

필자는 그 자리에서 담당자에게 박수를 보냈다. "당신의 실패 덕분에 우리가 놓치고 있던 결정적인 데이터를 찾았다. 이건 실패가 아니라 데이터 발굴이다." 그리고 그 발견을 전사에 공유했다. 이 사건 이후 직원들은 실패를 두려워하기보다, "빨리 실패하고 빨리 배워서 공유하자"는 태도를 갖게 되었다.

실패를 '비용Cost'이 아니라 '학습 수업료Tuition'로 정의할 때, 조직은 실패를 자산으로 비축하며 더 똑똑해진다. 리더의 역할은 정답을 내려주는 것이 아니라, 구성원들이 **틀려도 안전하다, 다만 배우지 않는 것은 위험하다**"고 느끼게 하는 심리적 안전지대를 만드는 것이다.

조직의 지식 순환을 돕는 '지식 큐레이터'

학습하는 조직을 만들기 위해 리더가 해야 할 또 다른 역할은 '**지식 큐레이터**'다. 리더는 조직 내외부의 정보를 연결하는 허브다. 리더가 획득한 외부의 최신 트렌드, 다른 업계의 인사이트, AI가 분석한 경쟁사 동향 등을 혼자만 알고 있어서는 안 된다.

필자는 매주 전사 회의에서 **인상 깊었던 학습 경험을 공유**한다. 지난 주에 내가 읽은 책, 만난 사람, 혹은 겪은 실패 경험을 짧게 소개한다. "내가 이런 걸 몰라서 실수했다"는 고백도 서슴지 않는다.

리더가 먼저 자신의 무지를 드러내고 배우는 모습을 보일 때, 구성원들도 학습에 동참한다. 또한 사내 메신저에서 프로젝트별 채널을 만들어, 좋은 아티클이나 AI 관련 뉴스를 보면 즉시 공유하고 코멘트를 남긴다. "이 기사, 우리 마케팅 팀이 고민하던 부분과 연결되는 것 같은데 어떻게 생각해요?"라고 질문을 던지며 토론을 유도한다.

이렇게 리더가 지식의 물꼬를 트면, 조직 전체에 학습의 혈류가 돌기 시작한다. 정보가 고이지 않고 흐르게 만드는 것, 이것이 AI 시대 리더가 조직의 학습을 돕는 가장 실질적인 방법이다.

루프를 무너뜨리는 다섯 가지 함정: 왜 우리는 멈추는가?

아무리 좋은 L-E-R 루프와 조직 문화 시스템을 도입해도, 리더가 무의식 중에 빠지기 쉬운 심리적 덫이 있다. 필자는 이를 '성장 루프를 무너뜨리는 다섯 가지 함정'이라 부른다. 이 함정들을 인지하지 못하면, 학습은 시늉에 그치고 조직은 다시 관성으로 회귀한다.

첫째, **'성과-학습 분리'**의 함정이다. 이는 "지금은 바쁘니까 일단 성과부터 내고, 학습은 나중에 여유 있을 때 하자"라는 합리화로 시작된다. 하지만 AI 시대에 학습이 배제된 성과는 운에 불과하다. 학습과 성과를 별개의 활동으로 나누는 순간, 성장은 멈추고 소모만 남는다.

둘째, **'완벽주의'**다. 리더가 실패를 두려워해 완벽한 계획을 세운 뒤에만 움직이려 하면, 실험의 속도는 현저히 느려진다. AI 시대의 경쟁력은 정교함보다 민첩함Agility에서 나온다. 완벽을 기하다 타이밍을 놓치는 것보다, 불완전하더라도 빠르게 시도하고 수정하는 것이 낫다. 완벽주의는 결국 실험 자체를 멈추게 한다.

셋째, '**내부 최적화**'의 착각이다. "우리 회사의 방식이 우리 업계에서는 제일 효율적이야"라는 믿음으로 루프를 닫아버리는 것이다. 세상 밖에서는 생성형 AI가 룰을 바꾸고 있는데, 내부 프로세스 개선에만 몰두하는 것은 '잘 닦인 도로 위에서 길을 잃는 것'과 같다.

넷째, '**경험 과신**'이다. "내가 해봐서 아는데"라는 말은 데이터와 현장의 미세한 신호를 무시하게 만든다. 과거의 성공 경험이 강렬할수록, 새로운 데이터를 거부하는 확증 편향은 강해진다. 리더의 경험은 존중받아야 하지만, 그것이 데이터보다 위에 서는 순간 조직의 눈은 멀게 된다.

다섯째, 가장 치명적인 함정인 '**피드백 회피**'다. 지위가 올라갈수록 피드백은 줄어든다. 부하직원들은 임원의 기분을 살피며 좋은 말만 골라 하거나 침묵한다. 임원은 '피드백의 사각지대'에 갇힌다. 따라서 리더는 피드백을 기다리는 것이 아니라, 피드백 받는 능력 자체를 의도적으로 연습하고 요구해야 한다. "내 생각에 맹점은 없는가?", "내가 놓치고 있는 리스크는 무엇인가?"라고 먼저 묻지 않는다면, 리더는 자신의 벌거벗은 모습을 보지 못한 채 고립된다.

기억하라. 피드백을 회피하는 순간, 리더십의 미래는 멈춘다. 이 다섯 가지 함정을 매일 경계하는 것, 그것이 멈추지 않는 성장 엔진을 지키는 안전장치다.

AI와 함께 진화하는 리더의 일상 루틴 만들기

"임원인 내가 공부할 시간이 어디 있나?"

많은 리더가 토로하는 현실적인 고민이다. 새벽부터 밤늦게까지 회의와 보고, 의사결정으로 꽉 찬 스케줄 속에서 '학습'을 위한 시간을 따로 낸다는 것은 불가능해 보인다. 하지만 리더십을 단거리 전력 질주가 아니라 30년, 40년 이어질 마라톤으로 본다면, 학습과 컨디션 관리는 선택이 아닌 필수 생존 전략이다. 중요한 건 절대적인 시간의 양이 아니라 '밀도'와 '시스템'이다.

틈새 학습 전략: 하루 30분, '의도적 단절'의 힘

하루 5시간씩 공부할 수 있는 임원은 없다. 그런 비현실적인 목표는 작심삼일로 끝나기 마련이다. 대신 **하루 30분의 의도적 단절**'을 제안한다. 이는 업무 시간과 분리된 별도의 시간이 아니라, 업무의 흐름 속에 자연스럽게 끼워 넣는 '마이크로 루틴'이다.

- 아침 15분, 정보 스캐닝Input: 출근길 차 안이나 집무실에 도착한 직후의 첫 15분이다. 이때만큼은 이메일이나 결재 서류를 보지 않는다. 대신 AI 뉴스 브리핑 앱이나 업계 전문 뉴스레터를 훑는다. 시간이 부족하다면 AI에게 "오늘 IT 및 우리 업계의 주요 이슈 3가지만 요약해서 브리핑해줘"라고 시켜 시간을 아낀다. 이 15분은 세상의 변화에 내 주파수를 맞추는 튜닝Tuning 시간이다.
- 점심 15분, 딥 다이브Deep Dive: 식사 후 커피를 마시는 15분, 혹은 회의와 회의 사이의 틈새 시간이다. 아침에 스캐닝한 뉴스 중 가장 중요하거나 흥미로운 하나를 골라 깊이 읽는다. 단순히 읽는 것에 그치지 않고, 스마트폰 메모장에 "이것이 우리 사업에 미칠 영향은?"이라는 질문에 대한 답을 한 줄이라도 적어본다.

핵심은 이 30분 동안만큼은 스마트폰 알림을 끄고, 비서의 노크도 잠시 미루고 **온전히 새로운 정보에 나를 노출시키는 것**이다. 이 작은 차단막이 '정보 과부하'에 시달리는 뇌를 잠시 쉬게 하고, 새로운 통찰이 들어올 공간을 만든다.

나만의 '외부 두뇌' 만들기: 연결의 기술

혼자 공부하는 것에는 한계가 있다. 나의 시야를 넓혀줄 외부의 두뇌들을 연결해야 한다. 리더가 고립되면 조직도 고립된다.

- **젊은 멘토와의 티타임**Reverse Mentoring: 20~30대 실무자, 혹은 다른 업계의 주니어와 한 달에 한 번은 의무적으로 커피챗을 한다. 그들이 쓰는 앱이 무엇인지, 그들이 열광하는 밈Meme이 무엇인지, 요즘 일하는 방식에 대해 어떻게 생각하는지 묻는다. 이것은 리더가 꼰대가 되지 않게 하는 예방주사이자, 가장 생생하고 저렴한 시장 조사다.

- **이질적인 커뮤니티 참여**: 내 전문 분야가 아닌 곳에 발을 담가본다. 필자 최근 도시 농업 워크숍에 참여했다. 흙을 만지고 작물을 키우는 과정에서, 필자 의외로 '조직 육성'과 '기다림'에 대한 깊은 영감을 얻었다. 농작물도 때가 되어야 자라듯, 직원들도 기다려줘야 할 때가 있다는 것을 배웠다. 전혀 다른 세상의 이야기가 내 비즈니스와 충돌할 때 혁신의 불꽃이 튄다.

성장의 엔진을 관리하라: 결정의 품질을 지키는 법

리더의 몸과 마음은 개인의 것이 아니다. 그것은 그 자체로 회사의 중요한 자산이다. 리더가 피로하면 판단력이 흐려지고, 잘못된 결정 하나가 조직 전체에 막대한 손실을 입힌다. 따라서 리더의 자기 관리는 개인의 웰빙Well-being 차원이 아니라, 철저한 **'의사결정 품질 관리**Quality Control**'** 업무다.

- **오후 3시의 승부**: 인간의 인지 능력은 한계가 있다. 중요한 의사결정은 가급적 뇌가 맑은 오전 시간에 배치한다. 그리고 오후 3시, 점심 식사 후 혈당이 오르고 집중력이 떨어지는 '마의 시간'에는 억지로 책상에 앉아 있지 않는다. 10분간 짧은 산책을 하거나 사무실에서 스트레칭을 하며 뇌

를 물리적으로 환기한다. 이 10분의 휴식이 남은 오후 4시간의 생산성을 결정한다.

- **환경 설계**Nudge: 인간의 의지력은 믿을 게 못 된다. 환경을 믿어라. 사무실 책상 위에는 항상 읽어야 할 리포트나 책을 펼쳐두어 시선이 닿게 하고, 스마트폰 홈 화면의 가장 잘 보이는 곳에는 SNS 대신 학습 앱이나 메모 앱을 배치한다. 눈에 띄면 하게 되고, 손에 닿으면 열게 된다. 환경을 설계하는 것이 곧 행동을 설계하는 것이다.

데이터 기반 성찰: 복잡한 대시보드 대신 '한 줄 일기'

경영학의 격언처럼 "측정하지 않으면 개선할 수 없다." 하지만 내 삶을 엑셀로 관리하려는 시도는 대부분 실패한다. 복잡한 시스템은 유지가 어렵기 때문이다. 그래서 필자는 가장 단순한 시스템을 쓴다. 퇴근길 엘리베이터에서, 혹은 잠들기 전 침대 맡에서 스마트폰 메모장에 딱 한 줄을 남긴다.

"오늘 나는 어제보다 1%라도 성장했는가?"

만약 "그렇다"고 답할 수 있다면, 그날은 성공한 하루다. 만약 "아니오"라면, 자책할 필요 없다. 내일은 아주 작은 시도라도 하나 더 해보겠다고 다짐하면 된다. 이 한 줄의 일기가 쌓여 나의 1년을 만들고, 나의 리더십 역사를 만든다.

유통기한 없는 리더를 향해

AI는 지치지 않고 24시간 학습한다. 그런 AI와 지식의 양으로 경쟁하려 하지 마라. 그것은 승산 없는 싸움이다. 대신 AI를 활용해 더 빨리 배우고, 더 깊게 생각하며, 사람만이 할 수 있는 '의미'와 '연결'을 만드는 법을 익혀라.

리더십의 유통기한은 정해져 있지 않다. 나이가 들어서, 기술을 몰라서 리더십이 끝나는 것이 아니다. 호기심을 잃고 배움을 멈추는 그 순간이 바로 유통기한이 끝나는 날이다. 반대로, 끊임없이 호기심을 갖고 배우며, 변화를 즐기는 리더에게 정년은 없다.

오늘 당신이 읽은 한 줄의 기사, 당신이 챗GPT에게 던진 한 번의 질문, 당신이 부하 직원에게 건넨 "내가 틀렸을 수도 있다"는 솔직한 고백. 이 작은 시도들이 모여 내일 당신의 조직을 구하는 무기가 될 것이다.

"오늘의 실행을 학습으로, 내일의 학습을 실행으로"

지금 바로, 당신만의 학습 루프를 돌리기 시작하라. 멈추지 않는 한, 당신은 영원히 현역이다.

365일 후, 당신에게 일어날 일

2027년 1월 3일, 다시 그 임원실

정확히 1년 후. 같은 임원실, 같은 시간, 같은 커피. 하지만 모든 것이 달라져 있을 것이다.

시나리오 A: 이 책을 그냥 덮은 당신

오전 9시, 홀로 앉아 있다. 예전에는 북적이던 임원실이 이제는 텅 비어 있다. 부하직원들은 더 이상 당신에게 보고하지 않는다. 대신 AI에게 직접 리포트를 올린다.

당신은 오늘도 '상무'라는 직함을 달고 있다. 그러나 모두 안다. 이름만 남은 유령 임원이라는 것을 말이다.

오후 2시, 인사팀에서 연락이 온다.

"상무님, 잠시 시간 되십니까?"

당신도 안다. 이 미팅이 무엇을 의미하는지.

시나리오 B: 변화를 선택한 당신

오전 6시, AI와의 '모닝 브리핑'으로 하루를 시작한다.

"오늘의 핵심 이슈 3가지와, 인간적 통찰이 필요한 부분을 알려줘."

오전 9시, 팀원들과의 '대화' 시간.

AI가 포착하지 못한 불안, 열정, 그리고 가능성을 사람의 얼굴과 목소리에서 발견한다.

오후 2시, CEO가 당신을 부른다.

"다음 분기 AI 전환 TF를 맡아주십시오. 상무님이 최적임자입니다."

같은 365일, 완전히 다른 결말.

누군가 직접 목격한 두 임원의 1년

임원 A: "나는 30년 경력이 있어."

- 2026년 1월: "AI? 거품이야. 기본은 사람이지."
- 2026년 6월: "왜 자꾸 AI 얘기만 하는 거야?"
- 2026년 9월: "부하직원들이 내 말을 안 들어…"
- 2026년 12월: "희망퇴직 신청합니다."

임원 B: "나는 오늘도 배운다."

- 2026년 1월: "AI와 함께 일하는 법을 배워야겠어."
- 2026년 6월: "AI가 못하는 일에 집중하니 일이 즐겁네."
- 2026년 9월: "팀 성과가 200% 올랐어. AI 덕분이야."
- 2026년 12월: "차기 CEO 후보로 선정됐어."

둘 다 55세, 둘 다 30년 경력, 둘 다 명문대 출신이다.

차이는 단 하나.

'선택'

│ 참고문헌

- 피터 드러커, 장영철 역(2024), 《피터 드러커 자기경영노트》, 한국경제신문
- 스콧 에블린, 고현숙 역(2016), 《무엇이 임원의 성패를 결정하는가》, 올림
- 존 휘트모어, 김영순 역(2022), 《성과 향상을 위한 코칭 리더십》, 김영사
- 제이슨 프라이드 외, 정성묵 역(2016), 《리워크(지금까지 일한 방식은 틀렸다)》, 21세기북스
- 정약용 원저, 김정진 편저(2022), 《사례로 읽는 목민심서》, 자유로
- 박상곤·이태복(2011), 《긍정조직혁명: AI 강점과 꿈으로 이루는 행복한 변화》, 물푸레
- 데이비드 쿠퍼라이더·다이애나 위트너(2009), 《조직 변화의 긍정혁명》
- 김영헌(2025), 〈젊은 세대와의 대화〉, 한경닷컴 칼럼
- 김영헌(2025), 〈AI 시대의 경영〉, 한경닷컴 칼럼
- SERICEO(2025), 〈AI가 바꾸는 조직과 HR 전략〉
- 한국은행(2025, 8월), 〈생성형 AI 활용과 생산성 혁신 보고서〉
- 대한상공회의소(2025), 〈AI 도입이 기업 성과 및 생산성에 미치는 영향 및 시사점〉
- Deloitte(2024), Global Human Capital Trends 2024
- Deloitte(2025), Global Human Capital Trends 2025
- McKinsey(2024/2025), State of AI
- McKinsey & Company(2025, January),
  The state of AI: How organizations are rewiring to capture value
- PwC(2025), 2025 Global AI Jobs Report
- Kore.ai(2025), Practical insights from AI leaders − 2025
- Thomson Reuters Institute(2025, July), Future of Professionals Report 2025
- World Economic Forum(2025), The Future of Jobs Report 2025
- NIST(2023), AI Risk Management Framework 1.0
- NIST(2024), GenAI Profile
- OECD(2019), OECD AI Principles
- EU Parliament(2025), EU AI Act: 채택·적용 일정
- Deloitte(2020), Trustworthy AI: Operationalizing ethics for responsible innovation
- Davenport, T. H., & Ronanki, R. (2018),
  Artificial Intelligence for the Real World, Harvard Business Review.

- Fountaine, T., McCarthy, B., & Saleh, T. (2019),

  Building the AI-Powered Organization, Harvard Business Review.
- Daugherty, P., & Wilson, H. J. (2023),

  AI and the New Era of Human+Machine Collaboration, MIT Sloan.
- Aron, A. et al. (1997),

  The experimental generation of interpersonal closeness, PSPB 23(4).
- Brandeis University, The Heller School (n.d.),

  Theory of Performance – Relational Coordination
- Barker Scott, B. A. (2024),

  Designing the collaborative organization, JABS
- Hickey, G. M. (2023),

  Network governance and collaborative natural resource management, JEM
- Zhang, S. et al. (2025),

  Augmenting human innovation teams with artificial intelligence, JPIM
- Kahneman, D. (2011), Thinking, Fast and Slow
- Kahneman, D., Sibony, O., & Sunstein, C. (2021), Noise 관련 인터뷰·해설
- Thaler, R. H., & Sunstein, C. R. (2008), Nudge, Yale Univ. Press
- Kolb, D. A. (1984), Experiential Learning, Prentice-Hall
- Snowden, D. J., & Boone, M. E. (2007),

  A Leader's Framework for Decision Making, HBR
- Stanford HAI(2025), Human-AI Collaboration Research
- Gallup(2023), State of the Global Workplace 2023
- AI-First Leadership Framework(2024), Harvard Business Publishing
- Tan, S. (2024, June 16), Feedback Loop Revolution, Leadership & Teams Blog
- Korn Ferry Institute(2021), Power Shifts 2025